Elie Shaddaï

# LE DOS DU GÉNÉRAL

Elie Shaddaï

# LE DOS DU GÉNÉRAL

## Le livre des généraux de Dieu

Éditions Croix du Salut

**Imprint**
Any brand names and product names mentioned in this book are subject to trademark, brand or patent protection and are trademarks or registered trademarks of their respective holders. The use of brand names, product names, common names, trade names, product descriptions etc. even without a particular marking in this work is in no way to be construed to mean that such names may be regarded as unrestricted in respect of trademark and brand protection legislation and could thus be used by anyone.

Cover image: www.ingimage.com

Publisher:
Éditions Croix du Salut
is a trademark of
Dodo Books Indian Ocean Ltd. and OmniScriptum S.R.L publishing group

120 High Road, East Finchley, London, N2 9ED, United Kingdom
Str. Armeneasca 28/1, office 1, Chisinau MD-2012, Republic of Moldova, Europe
Printed at: see last page
**ISBN: 978-620-6-16806-5**

## TABLE DES MATIÈRES



**Elie Shaddaï**

## DÉDICACE SPÉCIALE

**À**

**L'Évêque NGAM À BITSONG EMMA**

**( Combattu, mais jamais Vaincu )**

**ET À**

**Tous les Généraux de Dieu dans le Monde, à toutes les forces armées .**

**Elie Shaddaï**

## REMERCIEMENTS

- **À Celui qui est assis sur le trône le plus puissant et redoutable de l'univers, Jésus-Christ le Dieu Vivant et Véritable, soient actions de grâces, louange, adoration, puissance et gloire, maintenant et à jamais!**

- **Béni sois-tu Elohîm Dieu d'Israël, toi qui fais des Promesses aux fils des hommes sur la terre et les réalises fidèlement ! Reçois la gloire Père céleste, car tu en es digne, toi qui réalises ce projet littéraire.**

**MERCI SEIGNEUR JÉSUS-CHRIST !!!**

**Elie Shaddaï**

# PRÉFACE

Le passé d'un général de Dieu est très riche et très puissant. Ce passé du général, c'est bien ce que j'appelle le dos du Général. Lorsqu'un Général de Dieu fait face à une situation ou à un ennemi, s'il est très bien expérimenté, il s'appuiera sur l'Eternel qui a assuré sa victoire passée, pour décréter sa victoire prochaine avec assurance. Le dos du Général est un livre des vainqueurs qui vous offre une occasion idoine de puiser de l'expérience sur celle des champions, des héros de la foi, des combattus mais jamais Vaincus comme David, Samson, Jephté, Moïse…Plusieurs, lorsqu'ils rencontrent un ennemi d'aujourd'hui, tremblent souvent en se voyant comme des sauterelles à ses yeux, oubliant tous leurs exploits, toutes leurs victoires, leur expérience faite dans le passé avec l'Eternel des armées, l'indomptable de Jacob qui les a toujours secourus. Or, le souvenir de leur expérience triomphale du passé leur donnerait de la bravoure, de l'assurance, et une détermination inlassable pour écraser l'ennemi d'aujourd'hui comme ce fut le cas contre celui d'hier. Dans cet ouvrage littéraire, vous découvrirez explicitement la stratégie de guerre d'un généralissime de l'armée de l'Eternel, Grand et stratège officier supérieur de l'armée d'Israël qui savait fort bien compter sur l'Eternel, le Seigneur des armées célestes. Les enseignements et prières du dos du Général vous aideront à Booster votre foi, à vous exercer dans le Combat Spirituel, à obtenir votre délivrance et celle des autres, à savoir puiser la force dans vos victoires du passé pour mieux affronter vos ennemis du présent et du futur, à surmonter le rejet en réveillant le héros caché en vous.

**Elie Shaddaï**

## Chapitre 1 :

# LE DOS DU GENERAL

Dans le corps humain, le dos est une partie arrière, une face postérieure du tronc de l'homme, depuis les épaules jusqu'aux reins. Dans un sens spirituel, il représente le passé d'un homme, d'une nation, ou d'une famille.

Tout être humain a un dos, tout humain a un passé, heureux ou malheureux, plein de victoire, de succès ou d'échecs. S'agissant de la thématique du dos du général, il serait judicieux de saisir cette occasion idoine, pour parler du passé de quelques généraux dont fait mention la sainte Bible. **Sur ce, qu'est-ce qu'un général** ? Ce dernier est un officier titulaire d'un des grades les plus élevés dans la hiérarchie des armées de terre, de l'air, et de la gendarmerie. Le général est aussi par définition, un supérieur de certains ordres religieux, notamment chez les Jésuites, et chez les pentecôtistes.

1. **Le dos du général David :**
   **(1samuel 17.32-37)**

Descendant d'Abraham, d'Isaac, de Jacob appelé Israël, David était fils d'Isaï, un israélite. C'est lorsqu'il s'apprêtait à affronter Goliath son ennemi d'aujourd'hui, que David révéla ses ennemis du passé, ses combats du passé, ses exploits du passé. « **David dit à Saül : Que personne ne se décourage à cause de ce philistin ! Ton serviteur ira se battre avec lui. Saül dit à David : Tu ne peux pas aller te battre avec ce philistin, car tu es un enfant, et il est un homme de guerre dès sa jeunesse. David dit à Saül : Ton serviteur faisait paître les brebis de son père. Et quand un lion ou un ours venait en enlever une du troupeau, je courais après lui, je le frappais, et j'arrachais la brebis de sa gueule. S'il se dressait contre moi, je le saisissais par la gorge, je le frappais, et je le tuais. C 'est ainsi que ton serviteur a terrassé le lion et l'ours, et il en sera du philistin, de cet incirconcis, comme de l'un d'eux, car il a insulté l'armée du Dieu vivant. David dit encore : L'Eternel, qui m'a délivré de la griffe du lion et de la patte de l'ours, me délivrera aussi de la main de ce philistin. Et Saül dit à David : Va, et que l'Eternel soit avec toi !** » (1samuel

17.32-37).Le dos du général David était rempli des combats, mais aussi des grandes victoires, des exploits. Berger (pasteur) du troupeau de son père, David guerroyait victorieusement contre tout lion qui lançait un assaut contre ses brebis, sans craindre la griffe du lion. Ce grand officier de la milice de l'Eternel des armées, par sa fidélité , par sa bravoure, et par son amour qui le poussaient à protéger ses brebis en mettant en péril sa propre vie dans les combats contre les fauves, sachant qu'il devait en rendre compte à son père qui était propriétaire des brebis, donne de façon notoire , un exemple monumental, que doivent copier et suivre, tous les ministres de Dieu, tous les chefs de famille, tous les chefs d'Etats, tous les chefs des villages, tous les responsables à la tête d'entreprises, tous les chefs militaires, et tous ceux qui ont une quelconque responsabilité de gestion des ressources humaines et pécuniaires dans ce monde. Soyez tous les bons Bergers, des véritables pasteurs qui luttent contre les puissances maléfiques qui attaqueraient les ressources qui vous sont confiées par Dieu ou par les hommes de ce monde. David était un homme de la même nature que vous, et ce qu'il a fait grâce à Dieu, vous pouvez aussi le faire, par le bras puissant de l'Eternel des armées. Ya-t-il un lion qui t'arrache toujours les choses précieuses confiées à ta garde ? Quel est ce lion qui s'attaque à toi, à ta famille, à ton foyer, à ta nation, à ton village, à tes affaires ou à tes projets ? Tu peux le déchirer, mais par la puissance de Jésus-Christ, par l'Esprit de l'Eternel des armées, comme le firent David qui se confiait en l'Eternel, et Samson qui fut secouru par l'Esprit de Dieu face à un lion, sur le chemin de thimna, tel qu'il est écrit : « Samson descendit à Thimna, et il y vit une femme parmi les filles des philistins…Samson descendit avec son père et sa mère à thimna. **Lorsqu'ils arrivèrent aux vignes de thimna, voici, un jeune lion rugissant vint à sa rencontre. L'Esprit de l'Eternel saisit Samson ; et, sans avoir rien à la main, Samson déchira le lion comme on déchire un chevreau…** » (Juges 14.1-6). **Que l'Eternel des armées qui délivra David et Samson des lions et de leurs griffes te délivre, toi et ta famille, toi et tes avoirs, au nom puissant de Jésus-Christ, l'indomptable de Jacob**.

Celui qui a défié la griffe du lion, le général David, a également vaincu la patte de l'ours, dans ses guerres du passé, que même le roi Saül ignorait, jusqu'au jour où David lui-même lui raconta l'histoire des combats et exploits de son dos. **Tandis que David avait en lui l'assurance de vaincre Goliath qui insultait toute l'armée d'Israël, le roi Saül, quant à lui, trouvait en David, un jeune**

**homme inexpérimenté en matière de guerre**. Saül voyait Goliath plus expérimenté et plus fort que David, c'est pourquoi il dit à David : « ...Tu ne peux pas aller te battre avec ce philistin, car tu es un enfant, et il est un homme de guerre dès sa jeunesse » (1samuel 17.33).Saül avait-il raison de traiter ainsi David d'enfant inexpérimenté et moins puissant que Goliath son adversaire ? Pas du tout !!! Le roi Saül, considéré comme un père, un ancien devant David,

- Commis une erreur monumentale de traiter David d'un enfant inexpérimenté en matière de guerre (alors que David combattait depuis sa jeunesse, dans le secret).
- Connaissait le passé de Goliath (comme un habitué de guerre), mais ignorait le dos du général David (qui était plein d'exploits).
- Ne voyait pas le héros, le champion qui se cachait dans la jeunesse de David (David était un héros, un champion inconnu).
- Racontait bien l'histoire de Goliath, mais mal celle de David (parce que Saül n'avait pas encore découvert la richesse du dos du champion général David).

*Toute personne qui a mal raconté ton histoire va se repentir en cette saison, à cause de tes exploits, au nom puissant de Jésus-Christ ! AMEN.

*Je corrige ton histoire mal racontée par ceux qui ne te connaissent réellement pas au nom de Jésus-Christ. AMEN.

*Devant tous ceux qui te méprisent, ton succès sera phénoménal et notoire, au nom de Jésus-Christ. AMEN.

*Je prophétise la victoire de ta jeunesse contre la vieillesse de tous tes ennemis au nom de Jésus-Christ. AMEN.

*La gloire de ton succès, de ta victoire enterre en cette saison celle de tes ennemis, et celle des ennemis de ta famille, de ta nation au nom puissant de Jésus-Christ. AMEN.

Lorsqu'un homme raconte mal ton histoire devant toi par ignorance, redresse-le par correction, en lui racontant l'originale de ton histoire en paroles et surtout en actes, et tu le verras te voir de façon différente. Saül ayant traité David d'enfant inexpérimenté, écouta de David, l'histoire d'un général capable, qui était encore dans l'ombre, mais dont la manifestation n'attendait que les insultes de Goliath. Certainement, toi aussi qu'on traite de gamin ou de gamine, d'inexpérimenté, d'impuissant, tu es un champion ; oui, tu es un héros de ta famille, de ta génération, de ta nation, un héros de ton village. L'heure vient, où l'Eternel manifestera le champion qui réside en toi, mais que ceux qui semblent et pensent te connaître ignorent encore jusqu'à présent. Tu es un champion, un général de Dieu, dont la manifestation n'attend que celle du Goliath qui s'élèvera contre ta famille, contre ta nation, contre ton village, contre ton ministère, contre le ministère de ton père spirituel.

Comme Saül, certainement ton père spirituel ne voit en toi qu'un gamin sans expérience, sans puissance, incapable de relever les défis lancés par les ennemis de son ministère. Mais toi, garde en toi l'attitude d'un brave général comme David, te voyant exterminer les ennemis du ministère de ton père.

**Prions ensemble :**

*Tout ennemi du ministère de mon père soit localisé et foudroyé au nom puissant de Jésus-Christ de Nazareth.

*Tout ennemi de mon propre ministère, du don de Dieu dans ma vie, de ma famille, de mon foyer, de mes enfants, de mes parents, de mes entreprises, soit détruit par un tonnerre de feu, au nom puissant de Jésus-Christ.

*Père saint, relâche le feu du Saint-Esprit sur tout Goliath qui attaque et humilie mon ministère, ma famille, ma nation, mon village, au nom puissant de Jésus-Christ de Nazareth.

*Je suis le général de Dieu, et je prophétise ma victoire sur tout ennemi de ma nation, au nom puissant et souverain de Jésus-Christ.

*Comme David, je suis le général de Dieu, et je sors de l'ombre pour manifester la gloire de ma destinée militaire, au nom de Jésus-Christ de Nazareth.

*Comme David, je suis le général de Dieu, et je déchire tout lion déchaîné contre moi et ma famille, au nom puissant de Jésus-Christ.

**Elie Shaddaï**

*Je suis le général de Dieu, et je délivre ma famille de l'ennemi qui l'humiliait au nom puissant de Jésus-Christ de Nazareth.

*Tout démon en mission contre ma vie comme un Goliath, prends feu et brule au nom de Jésus-Christ.

*Je libère ma nation, mon village, ma région, de tout Goliath furieux et moqueur, au nom de Jésus-Christ de Nazareth.

*Tout ennemi qui terrassait autrefois mes pères, mes frères et sœurs, soit terrassé aujourd'hui et maintenant, par le feu que je porte en moi, au nom puissant de Jésus-Christ de Nazareth.

*Je détruis par un tonnerre de feu, tout champion maléfique, au nom puissant de Jésus-Christ.

*Je rejette l'idée et la confession de gaminerie, et je confesse que je suis un général de Dieu, champion notoire de ma génération, au nom de Jésus-Christ.

*Tout esprit infernal que redoute ma famille, mon pays, prend feu et soit renversé, au nom de Jésus-Christ de Nazareth.

*Je détruis et consume tous les ours qui s'attaquent à moi, et à ma famille, au nom de Jésus-Christ de Nazareth.

*Que l'Esprit vainqueur qui a battu Goliath par David réside à toujours dans ma vie, au nom puissant de Jésus-Christ de Nazareth.

*Dieu de DAVID, Dieu des armées célestes, humilie tous les peuples qui nous humilient, ruine ceux qui nous ruinent, pille ceux qui nous pillent, au nom puissant de Jésus-Christ de Nazareth.

*Eternel, localise moi aujourd'hui, et délivre moi de la patte de l'ours, au nom de Jésus-Christ.

*Tout ennemi de la maison de mon père prend feu au nom de Jésus-Christ. AMEN.

Toi qui es un leader ou un chef, ne crains pas l'ennemi au point de conclure qu'il n'y a chez toi personne qui puisse le renverser ou le vaincre. Ce qu'il te faut, c'est découvrir le glorieux passé des ressources humaines que tu as, comprendre leur destin pour leur donner l'occasion de se mettre au travail, et tu les béniras alors pour vaincre votre ennemi commun au nom de l'Eternel des armées. Saül, après avoir bien écouté David, réalisa que David était un général de Dieu, et il le bénit en disant « **...Va, et que l'Eternel soit avec toi** » (1samuel 17.37). David reçut de Saül, une proposition de porter ses vêtements, et son armure, mais ces choses l'encombraient qu'il ne put bien marcher avec pour le combat. Il s'en débarrassa alors, et prit son armure habituelle (un bâton, 05 pierres, et une fronde), avec laquelle il combattit victorieusement Goliath, le philistin. La véritable arme de victoire du général David était exceptionnelle : « **David dit au philistin : Tu marches contre moi avec l'épée, la lance et le javelot ;et moi, je marche contre toi au nom de l'Eternel des armées, du Dieu de l'armée d'Israël que tu as insultée**...Il mit la main dans sa gibecière , y prit une pierre, et la lança avec sa fronde ;il frappa le philistin au front, et la pierre s'enfonça dans le front du philistin, qui tomba le visage contre terre. Ainsi, avec une fronde et une pierre, David fut plus fort que le philistin ; il le terrassa et lui ôta la vie, sans avoir d'épée à la main...» (1samuel 17.45-54). **Quelle arme redoutable, le nom de l'Eternel (le nom jésus qui a 05 lettres symbolisées par les 05 pierres de David)** !!! Pendant son ministère terrestre, **jésus donna à ses disciples, son nom (jésus), comme arme avec laquelle ils devaient chasser les démons, guérir les malades**, etc (Marc 16.15-18).

Aujourd'hui, plusieurs ont abandonné cette arme redoutable (jésus) qui détruit tout ce qui est maléfique sur son passage, et s'approprient des choses impuissantes qu'ils qualifient d'armes. Un bon général de Dieu ne va pas en guerre avec les armes de Saül, mais plutôt avec JESUS, le nom de l'Eternel des armées, le Dieu d'Israël.

**PRIONS ENSEMBLE :**

- Au nom de l'Eternel des armées, je me lève contre tout incirconcis qui profère des injures contre ma vie, contre ma nation, contre ma famille, et je le réduis à l'impuissance, au nom puissant de Jésus-Christ de Nazareth.
- Tout sorcier contre ma famille, comme Goliath contre Israël, soit désarmé et vaincu par le feu du Saint-Esprit, au nom puissant de Jésus-Christ de Nazareth.
- Toute bête féroce contre ma destinée prend feu maintenant, au nom puissant de Jésus-Christ de Nazareth.
- Tout acteur d'humiliation monté contre mon ministère, soit frappé au nom de Jésus-Christ.
- Je frappe l'ennemi que redoutait mon entourage, et je le réduis au silence maintenant et à jamais, au nom de Jésus-Christ de Nazareth.
- Toute confrérie maléfique levée contre ma nation, soit frappée et détruite par le feu, au nom puissant de Jésus-Christ.
- Tout terroriste spirituel ou physique, semant la terreur dans mon pays, dans ma famille, dans mon foyer, dans mon ministère, soit divinement localisé par un tonnerre de feu, au nom de Jésus-Christ.

- Je prends le dessus aujourd'hui sur tous mes ennemis secrets, au nom puissant de Jésus-Christ de Nazareth.
- Tout esprit de pauvreté et de mendicité logés dans ma vie, soient localisés par le feu du Saint-Esprit, au nom précieux de Jésus-Christ.
- Toute confrérie de prostitution et d'abomination influençant encore ma vie, ma famille, ma nation, mon ministère et mon foyer, soit déstabilisée et incendiée au nom puissant de Jésus-Christ de Nazareth.
- Tout autel de sorcellerie me faisant subir la souffrance à cause de mon mauvais passé, soit démoli et consumé, au nom puissant de Jésus-Christ de Nazareth.
- Toute raillerie satanique contre ma destinée, soit nulle et sans effet au nom de jésus de Nazareth.
- Toute brigade de sorcellerie opérant contre moi, soit incendiée aujourd'hui et maintenant, au nom puissant de Jésus-Christ de Nazareth.
- Tout lion spirituel levé contre les brebis du troupeau de l'Eternel, soit poursuivi par les archanges, et déchiré au nom puissant de Jésus-Christ de Nazareth.
- Tout royaume des philistins monté contre moi et ma maison, soit divisé et consumé au nom puissant de Jésus-Christ de Nazareth.
- Je défie les philistins, et détruis tous leurs officiers au nom de jésus.
- Tout ours monté contre les âmes de ma famille, de mon ministère, de ma nation, de mon village, soit dérouté par le feu, et mis hors d'état de nuire, au nom puissant de Jésus-Christ.

- Je refuse d'être humilié par les puissances des ténèbres, et je les déstabilise, je les disperse par le feu, au nom de jésus.
- Je suis vainqueur de Goliath, et je délivre ma famille de la honte à jamais, au nom puissant de Jésus-Christ de Nazareth.
- Père, fais couler sur moi l'huile des guerriers victorieux qui coulait sur le général David, pour me conférer l'onction du succès dans toutes mes expéditions militaires, au nom puissant de Jésus-Christ de Nazareth.
- Je ne suis pas un enfant sans expérience, sans puissance, mais je suis le général de Dieu, grand officier de la milice du christ, au nom de Jésus-Christ.
- Je refuse les armes de Saül, et je prends celles du christ, au nom de Jésus-Christ.
- Je me débarrasse des armes et du manteau de Saül, je me revêts de christ et de son Esprit, pour accomplir avec lui des exploits, au nom de Jésus-Christ de Nazareth.
- L'Eternel qui m'a délivré au passé de la gueule du lion, et de la patte de l'ours, me délivré de toute maladie et de toute autre attaque satanique, au nom puissant de Jésus-Christ de Nazareth.
- L'Eternel qui m'a délivré hier de la maladie, me délivre aujourd'hui de la misère et de la sorcellerie, au nom de jésus.
- L'Eternel qui m'a ressuscité hier me délivre des blocages aujourd'hui, au nom puissant de Jésus-Christ de Nazareth.
- L'Eternel qui m'a sorti des ténèbres hier, me fait briller et aller de gloire en gloire, au nom puissant de Jésus-Christ de Nazareth.
- Père, sauve ma famille des incirconcis, et humilie tous nos oppresseurs, au nom de Jésus-Christ de Nazareth.

- Eternel, Dieu de David, délivre-nous de l'oppression de nos oppresseurs, et oppresse ceux qui nous oppressent, au nom de Jésus-Christ de Nazareth. AMEN.AMEN.AMEN.

Pour proclamer sa victoire prochaine sur Goliath l'ennemi d'aujourd'hui, le général David, homme expérimenté, confesse ses victoires du passé, en prophétisant la nouvelle victoire : **« ...L'Eternel, qui m'a délivré de la griffe du lion et de la patte de l'ours, me délivrera aussi de la main de ce philistin... »** (1samuel 17.37). Ceci est un exercice spirituel des généraux de Dieu qui savent faire confiance à l'Eternel leur fidèle Dieu qui demeure le même hier, aujourd'hui, et pour toujours. **L'expérience et la confession de David nous révèlent que nos victoires du passé, sont des escaliers de nos victoires d'aujourd'hui, ou de nos prochaines victoires**. Comme le général David, chaque fois que tu feras face à un grand ennemi ou à un grand obstacle d'aujourd'hui, souviens-toi tout simplement avec assurance, que l'Eternel qui a manifesté sa puissance dans ton passé pour te délivrer des situations difficiles, est toujours puissant et prêt à te délivrer aujourd'hui comme hier, voire même plus que hier, pour glorifier davantage son saint nom dans ta vie.

Comme le général David, quand l'ennemi te méprisera et s'estimera au-dessus de toi, ne te surestime jamais comme ton ennemi, mais présente-lui plutôt la grandeur redoutable de l'Eternel ton Dieu. Lorsque l'ennemi te présentera ses armes pour te faire paniquer, ne lui présente aucune arme faite des mains d'hommes, mais dis-lui et présente-lui que ton arme redoutable et invincible, c'est Jésus, l'Eternel des armées. Avec ces stratégies de guerre appliquées par David face à Goliath, tu battras toujours tous tes ennemis comme de petits enfants, tel que David battit Goliath, avec un seul tir, une seule pierre représentant seulement la lettre **j** du nom de Jésus-Christ. Goliath tomba face contre terre, en signe d'adoration devant l'Eternel. Merveilleuse fin de ce grand combat entre le général philistin et le général David !!! Celui qui te méprise et insulte ta force militaire, celui qui insulte tes armes et méprise ton Dieu, celui qui te traite de gamin ou gamine aujourd'hui, fléchira genoux devant toi, se prosternera devant ton Dieu, vif ou mort, comme ce fut le cas pour Goliath.

**Prions maintenant :**

- **Je décrète que mes ennemis fléchiront genoux devant moi, et se prosterneront devant l'Eternel mon Dieu, vifs ou morts, au nom puissant de Jésus-Christ de Nazareth.**
- **Tout Philistin déchaîné contre l'armée de Christ soit humilié par le bras Puissant de l'Eternel des armées, au nom de Jésus-Christ.**
- **Je déclare impuissantes, toutes les armes des généraux maléfiques forgées contre ma famille, au nom de Jésus-Christ.**
- **Je réduis à l'impuissance l'orgueil des généraux maléfiques déchaînés contre la terre de mes ancêtres, au nom de Jésus-Christ.**
- **Je sors en vainqueur contre tout goliath ennemi de ma famille, de mes affaires, de mon ministère, de ma carrière, de ma nation, de mon village, et je le frappe par la puissance Souveraine de Jésus-Christ.**

- Je relâche la puissance Souveraine du Christ contre tout champion démoniaque qui s'attaque à moi directement ou indirectement au nom Puissantissime de Jésus-Christ.
- Sorcier, tu viens contre moi avec la lance et le javelot, armes purement charnelles et impuissantes, mais moi, je viens en vainqueur contre toi au nom de Jésus-Christ, l'Eternel des armées, l'indomptable de Jacob.
- Au nom Puissant de Jésus-Christ, tout goliath ennemi de ma destinée tombe aujourd'hui et maintenant.
- Au nom Puissant de Jésus-Christ, tout champion ennemi de ma famille tombe aujourd'hui et maintenant.
- Au nom Puissant de Jésus-Christ, tout général ennemi de ma famille tombe aujourd'hui et maintenant.
- Au nom Puissant de Jésus-Christ, je frappe et réduis à néant tous les champions de la sorcellerie, déchaînés contre l'Église de Christ.
- Je décrète que tous ceux qui persécutent mon peuple, ma famille, ma destinée, seront à jamais rabaissés par la puissance Souveraine de l'Eternel des armées au nom Puissant de Jésus-Christ.
- Comme un véritable stratège, je descends goliath dans son orgueil au nom de Jésus-Christ.
- Je déjoue victorieusement toutes les stratégies de guerre de mes ennemis au nom de Jésus-Christ.
- Tout ennemi qui a battu mes pères ne me battra Jamais au nom Puissant de Jésus-Christ.

- Je me tiens sur le Rocher inébranlable, et je déclare ma victoire sur la sorcellerie des Philistins et de ma nation au nom de Jésus-Christ.
- Que les généraux maléfiques déchaînés contre mon ministère, ma famille, mes affaires, mon village, tombent comme goliath aujourd'hui et maintenant, au nom Puissantissime de Jésus-Christ de Nazareth.
- Je décrète et Confesse la suprématie de ma famille sur tous ses ennemis au nom de Jésus-Christ.
- Je décrète et Confesse ma suprématie sur mes oppresseurs au nom de Jésus-Christ.
- Je décrète et Confesse la suprématie de ma descendance sur tous ses ennemis d'aujourd'hui et de demain, au nom Puissant de Jésus-Christ.
- Béni sois-tu Elohîm, pour la victoire que tu nous donne avec assurance sur nos ennemis d'hier, sur nos ennemis d'aujourd'hui, et sur ceux du futur au nom Puissant de Jésus-Christ.

Amen. Amen. Amen.

## 2. Elie le Thischbite, un général de Dieu : (1Rois 18.20-40 ; 19.1-3) :

Certaines personnes de grandes destinées, après avoir accompli de grands exploits au rang de la milice de l'Eternel des armées, cèdent souvent une place à la peur dans leurs cœurs, au moment de l'adversité, face aux menaces d'un ennemi trop inferieur à elles. Ce fut le cas du Prophète Elie, illustre homme de Dieu qui, après avoir puissamment et spectaculairement démontré la grandeur et la suprématie de l'Eternel des armées devant qui il se tenait véritablement jour et nuit, se mit à fuir pour sauver sa vie, face aux menaces de mort que lui proféra Jézabel, adoratrice de Baal l'idole du panthéon cananéen et phénicien antique. Pour démontrer au peuple d'Israël que c'est l'Eternel qui est le seul vrai Dieu que tout Israël doit suivre, **Elie le Thischbite, éminent prophète d'Elohîm**, **véritable Général de Dieu**, convoqua au Mont Carmel, une réunion cultuelle de démonstration d'Esprit et de puissance ; cette réunion fut clôturée par la victoire triomphale d'Elie sur les prophètes de Baal, et la Suprématie triomphale d'El-Sabaoth « Dieu des armées », le Dieu d'Israël, Dieu d'Elie le Thischbite, sur Baal l'idole impuissante adorée par Jézabel, femme du roi Achab. Accusé de troubler Israël, Elie dit au roi Achab par réponse : **« …Je ne trouble point Israël ; c'est toi, au contraire, et la maison de ton père, puisque vous avez abandonné les commandements de l'Eternel et que tu es allé après les Baals. Fais maintenant rassembler tout Israël auprès de moi, à la montagne du carmel, et aussi les quatre cent cinquante prophètes de Baal et les quatre cent prophètes d'Astarté qui mangent à la table de Jézabel. Achab envoya des messagers vers tous les enfants d'Israël, et il rassembla les prophètes à la montagne du carmel. Alors Elie**

**s'approcha de tout le peuple, et dit : jusqu'à quand clocherez-vous des deux côtés ? Si l'Eternel est Dieu, allez après lui ; si c'est Baal, allez après lui** ! Le peuple ne lui répondit rien...Au moment de la présentation de l'offrande, Elie , le prophète, s'avança et dit : Eternel, Dieu d'Abraham, d'Isaac et d'Israël !Que l'on sache aujourd'hui que tu es Dieu en Israël, que je suis ton serviteur, et que j'ai fait toutes ces choses par ta parole !Réponds-moi, Eternel, réponds-moi, afin que ce peuple reconnaisse que c'est toi , Eternel, qui es Dieu, et que c'est toi qui ramènes leur cœur ! **Et le feu de l'Eternel tomba, et il consuma l'holocauste, le bois, les pierres et la terre, et il absorba l'eau qui était dans le fossé. Quand tout le peuple vit cela, ils tombèrent sur leur visage et dirent : C'est l'Eternel qui est Dieu ! C'est l'Eternel qui est Dieu ! » (1Rois 18.18-39**). La lecture approfondie du texte ci-dessus révèle clairement :

- Que par le ministère prophétique d'Elie, tout le peuple d'Israël qui clochait déjà des deux camps, changea d'avis, confessant publiquement que « C'est l'Eternel qui est Dieu, c'est l'Eternel qui est Dieu » !
- Que les 450 prophètes de Baal et 400 prophètes d'Astarté se rendirent ridicules devant tout Israël, ayant invoqué sans réponse, leurs divinités impuissantes, aveugles, mortes, et muettes.
- Que le Prophète Elie, véritable homme de Dieu, servait le Dieu vivant, le Dieu qui répond par le feu pour confondre et détruire ses ennemis.
- Que Baal n'est pas et ne sera jamais Dieu.
- Qu'en dehors de l'Eternel Dieu d'Israël, il n'existe aucun autre Dieu. L'Eternel seul est Dieu et Maître de l'univers.

- Qu'aucune divinité ne peut challenger avec Jésus qu' 1Jean 5.20 révèle comme Dieu véritable et vie éternelle.

Comme un grand général de la milice de l'Eternel des armées, le prophète Elie ordonna l'arrestation des faux prophètes de Baal : « Saisissez les prophètes de Baal, leur dit Elie ; qu'aucun d'eux n'échappe ! Et ils les saisirent. Elie les fit descendre au torrent de kison, où il les égorgea » (1Rois 18.40).

**PRIONS ENSEMBLE** :

- Père saint, revêts-moi du manteau prophétique d'Elie au nom puissant de Jésus-Christ de Nazareth.
- Je saisis et relève aujourd'hui le manteau d'Elie, comme le fit autrefois Elysée en Israël, au nom de Jésus-Christ.
- L'Esprit de l'Eternel qui reposait sur Elie vient sur moi aujourd'hui et maintenant, au nom puissant de Jésus-Christ.
- Je reçois sur moi l'Esprit de feu, et tiens tête contre les centaines, les milliers, les myriades de faux prophètes et sorciers, au nom puissant de Jésus-Christ.
- Comme Elie le Thischbite, je me tiens sur le mont carmel, j'affronte les principautés, les dominations, les autorités, les esprits méchants dans les lieux célestes, et toutes les idoles de ce monde ; je les précipite dans un torrent de feu et de souffre au nom puissant de Jésus-Christ de Nazareth.
- Eternel Dieu d'Abraham, d'Isaac, Dieu d'Israël et d'Elie, réponds-moi aujourd'hui par le feu, et confonds définitivement tous mes

ennemis, tous les ennemis de ton peuple, au nom puissant de Jésus-Christ.

- Tout esprit qui déroutait ma vie, mon peuple, ma famille, mon village, mon foyer, prend feu au nom puissant de Jésus-Christ.
- Je détruis et bannis de ma famille toute adoration satanique au nom de jésus.
- Je renverse toute divinité de mon village, de ma nation, de ma ville, qui séparait de l'Eternel, les âmes de son peuple, au nom de jésus.
- Toutes puissances maléfiques ennemies de l'Eternel dans ma vie, dans ma maison, dans mon royaume, soient précipitées dans un lac de feu au nom de Jésus-Christ.
- Par l'épée de l'Esprit, je déclare égorgés, tous les pouvoirs qui combattaient l'évangile de christ dans cette nation, dans ce village, dans cette maison, dans cette ville, au nom puissant de Jésus-Christ de Nazareth.
- Tout totem acharné contre ma vie, soit brisé et consumé au nom puissant de Jésus-Christ de Nazareth.
- Je restaure la véritable adoration de l'Eternel dans ma vie, dans ma famille, dans mon ministère, dans mon pays, dans mon village, au nom puissant de Jésus-Christ de Nazareth.
- Je me tiens sur la montagne du triomphe, et je décrète ma victoire sur tout ennemi de ma destinée et de cette nation, au nom de jésus.
- Je me tiens sur le sommet du carmel, et je libère l'épée de l'Esprit contre tous ceux qui en veulent à ma vie, au nom de jésus.
- Je saisis ma victoire sur la montagne au nom de jésus. AMEN.

Après avoir égorgé les prophètes de Baal qui étaient entretenus par Jézabel, Elie reçoit un message menaçant de Jézabel : « Jézabel envoya un messager à Elie, pour lui dire : Que les dieux me traitent dans toute leur rigueur, si demain, à cette heure, je ne fais pas de ta vie ce que tu as fait de la vie de chacun d'eux ! Elie, voyant cela, se leva et s'en alla, pour sauver sa vie... » (1Rois 19.2-4).

**Général de Dieu jamais vaincu et toujours vainqueur, Elie le Thischbite oublie tous les exploits de son dos, de son passé passé avec le Dieu vivant qu'il servait loyalement, et prend fuite devant une sorcière Jézabel dont le pouvoir demeurait éternellement inferieur à la puissance que le Dieu d'Israël avait déposé en lui par l'Esprit prophétique qui agissait en lui et par lui**. Elie crût que Jézabel pouvait l'égorger selon sa promesse, et ne se souvint pas que l'Eternel l'ait toujours protégé et gardé en vie, même quand Jézabel faisait tuer les autres serviteurs de l'Eternel !!! **Es-tu aujourd'hui comme le Thischbite ?** Pourquoi toi qui es un soldat de Jésus-Christ, un général de Dieu, penses-tu déjà que tes ennemis triompheront de toi ? Pourquoi penses-tu que ceux qui te menacent de mort peuvent réellement te tuer ? Sais-tu combien de fois l'Eternel jésus t'a sauvé du poison, de l'envoutement, des mains des adeptes des sectes pernicieuses, des mauvais sorts ? **Repens-toi et recommence à faire confiance à l'Eternel des armées, le Dieu qui t'a assuré de grandes victoires dans le passé, le Dieu qui détruira tous ceux qui veulent te détruire aujourd'hui**.

La fuite d'Elie le fit passer par un grand désert où Dieu se révéla à lui en corrigeant ses pensées, ses propos ; car Elie croyant qu'il restait le seul prophète de Dieu, entendit Dieu lui dire qu'il laisserait en Israël sept mille hommes, tous ceux qui n'ont point fléchi les genoux devant Baal, et dont la bouche ne l'a point baisé (lire 1Rois 19.1-21). Lorsque tu laisses la peur envahir ton cœur, si tu cherches à fuir les menaces de tes ennemis par crainte de perdre ta vie, tu pourras passer par un désert que jamais tu n'as traversé auparavant, jusqu'à désirer et appeler sur toi la mort, comme le fit le prophète Elie. Au lieu de fuir tes ennemis par peur, souviens-toi de cette parole de l'écriture sainte : **« Le sort de l'homme sur la terre est celui d'un soldat, et ses jours sont ceux d'un mercenaire »** (Job 7.1). **Dieu veut que tu vives avec la mentalité d'un soldat de Jésus-Christ, qui a en lui l'Esprit du Lion de la tribu de Juda , qui ne recule devant personne et devant rien dans ce monde, et qui reste et demeure vainqueur du péché, vainqueur du monde, vainqueur de Satan le dieu de ce monde des ténèbres**. Tu es un général de Dieu. Ne recule jamais devant tes ennemis, et ne fuis jamais devant eux pour te faire poursuivre, alors que tu es plus que vainqueur par Jésus-Christ de Nazareth.

**PRIONS ENSEMBLE :**

- Dieu du général Elie, délivre-moi de la peur, et remplis-moi de force et d'un courage triomphal au nom de Jésus-Christ.
- Je rejette loin de moi la crainte de mes ennemis, et fais confiance au bras puissant de l'Eternel qui me sauve de tous mes ennemis maintenant et à jamais, au nom de jésus.
- Toute Jézabel menaçant ma vie, soit localisée par le feu du Saint-Esprit au nom de jésus.
- Christ m'a hautement placé pour régner sur mes ennemis au nom de Jésus-Christ.

- Dieu de victoire, Seigneur des combats, délivre-moi des problèmes que je redoute au nom de Jésus-Christ.
- Père Eternel, je reconnais que je suis un soldat, et je garde en moi la mentalité et la bravoure des vainqueurs au nom de jésus.
- Toute confrérie de démoniaque menaçant ma vie, mon ministère, ma famille, soit foudroyée au nom puissant de Jésus-Christ !
- Je relâche le feu sur tout adversaire de ma carrière, au nom de Jésus-Christ de Nazareth !
- Que le tonnerre te frappe maintenant, ennemi de ma destinée, au nom puissant de Jésus-Christ.
- Eternel des armées, renverse ceux qui veulent me renverser, et détruis ceux qui veulent me détruire, au nom puissant de Jésus-Christ.
- Que les flammes de feu jaillissent de l'autel du Dieu vivant, et consument toutes les Jézabel qui en veulent à ma vie, au nom puissant de Jésus-Christ.
- Tout ennemi proférant des menaces contre mon âme, prend feu au nom de Jésus-Christ.
- Tout manteau de jezabel jeté sur mon peuple soit violemment foudroyé au nom de Jésus-Christ.
- Toutes forces maléfiques levées contre mon ministère et ma nation, prennent feu et soient exterminées au nom de Jésus-Christ.
- Je reprends mon courage et Confesse que je ne fuirai plus devant mes ennemis au nom de Jésus-Christ.
- Que la menace de mes oppresseurs tourne en ridicule contre eux-mêmes au nom Puissant de Jésus-Christ de Nazareth.

- Que les imprécations de jezabel contre moi soient réduites à l'impuissance maintenant et à jamais au nom de Jésus-Christ.
- Je déclare ma tête divinement protégée des sortilèges de jezabel au nom de Jésus-Christ.
- Je condamne jezabel déchaînée contre moi, à tomber à la renverse au nom de Jésus-Christ.
- Je précipite l'esprit de jezabel dans le lac de feu au nom de Jésus-Christ.
- Je me lève bravement et je continue ma marche missionnaire sous le soleil, divinement protégé(e) au nom de Jésus-Christ.
- Je confesse que je ne serai point enlevé(e) sans accomplir totalement et parfaitement ma mission au nom de Jésus-Christ.
- Comme pour Elie , mon chemin missionnaire est encore très long, et j'ai le soutien indéfectible de l'Eternel des armées au nom de Jésus-Christ.
- Père, fais-moi rencontrer sur mon chemin toutes mes aides de destinées au nom de Jésus-Christ.
- Ô Dieu d'Elie, connecte-toi aux bonnes personnes pour la réussite de ma mission sur terre au nom de Jésus-Christ.
- Je suis vainqueur de jezabel et de ses dieux impuissants au nom de Jésus-Christ.
- Béni sois-tu Elohîm mon Rocher, ma forteresse, ma haute retraite, maintenant et à jamais.

Amen. Amen. Amen.

**Elie Shaddaï**

### 3. L'Archange Michel, un Général de Dieu :

### ( Daniel 10.12-21; Apocalypse 12.7-9)

Ange de rang éminent, fidèle et Puissant Officier Supérieur de la milice de Jésus-Christ, l'archange Michel est un Général de l'Eternel des armées célestes dont les exploits sont notoires dans les Cieux et sur la terre.

Dans les cieux, le Général Michel, avec ses anges, livrèrent contre Satan et ses anges, une guerre sans précédente, guerre au cours de laquelle, Michel et ses anges imposèrent une défaite monumentale et éternelle, à Satan et ses anges déchus. En effet, il écrit : " Et il y eut guerre dans le ciel. Michel et ses anges combattirent contre le dragon. Et le dragon et ses anges combattirent, mais ils ne furent pas les plus forts, et leur place ne fut plus trouvée dans le ciel. Et il fut précipité, le grand dragon, le serpent ancien, appelé le diable et Satan, celui qui séduit toute la terre, il fut précipité sur la terre, et ses anges furent précipités avec lui "(Apocalypse 12.7-9). Insurgés, Lucifer et ses anges décidèrent de semer le trouble dans le ciel, certainement pour vainement renverser l'Eternel des armées, l'ancien des âges, le Créateur redoutable des créatures, quand ripostèrent indéfectiblement, bravement et victorieusement l'archange Michel, général de Dieu, et ses anges. Cette riposte archangélique et angélique contre l'assaut et l'insurrection du serpent ancien, ramena le calme, la sérénité, et la sûreté dans le Ciel, précipitant Satan et ses anges, qui n'avaient plus de place dans le ciel.

Général puissamment expérimenté dans la guerre à partir du ciel et jamais vaincu, l'archange Michel étend ses exploits sous le soleil. Il est le Grand chef, le défenseur des enfants de Dieu,le Généralissime. " En ce temps-là se lèvera Micaël, le grand chef, le défenseur des ses enfants de ton peuple..."( Daniel 12.1). Merveilleuse parole ! Défenseur des enfants de Dieu, l'archange Michel vient aussi au secours des anges de Dieu dans leurs Combats, tel qu'il est écrit : " ...Le chef du royaume de Perse m'a résisté vingt et un jours ; mais voici, Micaël, l'un des principaux chefs, est venu à mon secours, et je suis demeuré là auprès des rois de Perse. Je viens maintenant pour te faire connaître ce qui doit arriver à ton peuple dans la suite des temps..." ( Daniel 10.12-14). Une belle compréhension de ces paroles de l'ange de Dieu qui , envoyé de Dieu, vint parler à Daniel, montre que l'archange Michel vint réellement au secours du Messager que l'Eternel avait envoyé vers le prophète Daniel. Cet ange conscient du nouveau combat qui l'attendait encore sur son chemin retour, révéla au prophète Daniel que l'archange Michel était le seul qui devait le secourir dans dans ce Combat au retour, selon qu'il est écrit : " Il me dit: Sais-tu pourquoi je suis venu vers toi ? Maintenant je m'en retourne pour combattre le chef de la Perse ; et quand je partirai, voici, le chef de javan viendra...Personne ne m'aide contre ceux-là, exceptés Micaël, votre chef " ( Daniel 10.20-21).

L'expérience de l'archange Michel avec l'ange qui parlait à Daniel enseigne à tous les généraux de Dieu, à tous les enfants de Dieu qu'ils doivent toujours se soutenir dans les Combats, pour vaincre l'ennemi.

## Prions ensemble :

- Dieu des armées célestes, bénie soit ta puissance à jamais au nom de Jésus-Christ !
- Éternel Dieu Tout-puissant, toi qui assures la victoire de ton Camp dans les guerres célestes et dans les terrestres, assure ma victoire et celle de tout ton peuple dans les cieux et sur la terre, au nom Puissant de Jésus-Christ.
- Maître des cieux et de la terre, ordonne à tes anges de guerre de combattre victorieusement contre les forces maléfiques qui s'attaquent à mes prières et au bonheur de ma famille au nom Puissant de Jésus-Christ.
- Père Céleste, quel que soit le pouvoir des anges déchus qui oeuvrent dans les cieux contre l'ange de mon exaucement, réduis-les à néant au nom de Jésus-Christ.
- Ô Dieu des délivrances, envoie ton fidèle archange Michel en renfort contre les forces maléfiques qui s'opposent à l'ange de l'exaucement à mes prières au nom de Jésus-Christ.
- Père ordonne à ton général vainqueur Michel de semer la terreur contre l'armée de satan qui ose encore s'opposer à nous , au nom de Jésus-Christ.
- Père éternel, envoie Michel et ses anges combattre mes ennemis célestes et terrestres, jusqu'à les mettre hors d'état de nuire au nom Puissant de Jésus-Christ.
- Mon Dieu, en toi je me confie à jamais, car tu me donnes la victoire et tu relèves ma tête devant mes ennemis, au nom de Jésus-Christ.

- Dieu d'Israël, que tes armées jour et nuit continuent à assurer ma sécurité et celle de ma famille au nom Puissant de Jésus-Christ de Nazareth.

Amen. Amen. Amen .

Chapitre 2 :

# LE PACTE DU GÉNÉRAL

( 1Samuel 18.1-5)

Du grec " Diathekè ", le Pacte est une alliance, un accord, une convention. C'est une disposition prise verbalement, ou par ratification entre deux ou plusieurs parties. Elle peut parfois porter un caractère irrévocable et immortel.

Le texte Biblique susmentionné nous parle du pacte de David et Jonathan. Ce dernier est le prince, fils du roi Saül. David quant à lui, est le fils d'Isaï, qui fût oint roi d'Israël par le prophète Samuel, pour succéder au roi Saül, premier roi d'Israël divinement rejeté ( 1 Samuel 16.1-14).

Lorsque David, fils d'Isaï défia les Philistins en mettant à mort Goliath leur champion jadis considéré chez les Philistins comme un géant imbattable, un Tout-Puissant général de leur armée qui défiait Israël(1 Samuel 17), il gagna l'estime de son peuple Israël. Saül le Vit s'avancer à la rencontre de goliath le champion Philistin et demanda à son général Abner de prendre des renseignements sur lui. David ayant achevé le combat et muni de la tête de goliath à la main, fut conduit par Abner chez Saül qui le questionna sur son père ; répondant au roi Saül, David fit savoir qu'il est le fils d'Isaï, serviteur de Saül ( 1 Samuel 17.55-58 ). Lorsqu'il eût fini de parler avec le roi d'Israël, Saül, Jonathan, fils de Saül, prince en Israël, s'attacha profondément à lui et se mit à l'aimer comme lui-même ( 1 Samuel 18.1). Le roi garda alors David chez lui au palais, impressionné par la victoire de ce dernier sur goliath qui pourtant défiait Israël alors que Saül lui-même était sur le trône d'Israël

( 1samuel 18.2). Jonathan fils du roi Saül, fort bien impressionné et attiré par le jeune David qui montra son courage et sa fidélité à l'Eternel, conclut un pacte d'amitié, une alliance avec lui, parce qu'il l'aimait comme lui-même, selon ce que déclare la Bible dans ( 1 Samuel 18.3). Pour être Lucide à propos, il est bon de préciser que ce Pacte comportait un engagement réciproque ou bilatéral à la bienveillance et à la solidarité des deux amis, ainsi qu'envers leurs deux familles ( 1 Samuel 20.8 ; 1 Samuel 23.18 ; 1 samuel 20.13-16, 41-42).

À travers ce Pacte de David avec Jonathan fils de Saül, l'Eternel veut vous enseigner que si vous voulez signer une alliance, il faudrait que vous songiez à sauvegarder non pas seulement vos propres intérêts, mais ceux des membres de vos familles aussi, de votre nation, de votre village, de votre département ou de votre région, car eux aussi doivent profiter des atouts de votre convention, de votre alliance, de vos accords ou traités. Mais dans notre Siècle, dans nos générations, chacun ne cherche qu'à préserver ses propres intérêts, sa propre vie, même au détriment des autres de sa famille, de sa nation, de sa ville, de son quartier, ou de son village. Ô homme frère ! Ô femme sœur ! Si tu agis ainsi, n'est-ce pas mal ? Repens-toi et change d'attitude aujourd'hui. Pourquoi ratifier des pactes qui ne profiteraient jamais à votre nation ou même à votre famille ? Changez tous, changez d'attitude.

l'Eternel veut que tu comprennes la richesse de ce Pacte de Jonathan-David, pour marcher et vivre avec Dieu, non pas pour toi seul, mais pour les autres aussi. Sachez-le bien : On ne sert pas l'Eternel seulement pour soi-même, mais nous devons le servir pour nous , pour nos familles, pour nos villages, Pour nos villes, pour notre nation.

Avant de conclure une alliance, réfléchis d'abord pour évaluer ce que tu veux faire. Cela profite-t-il aux autres ? Cela aidera-t-il ton village, ta région, ta ville, ton entourage ?

**Elie Shaddaï**

Un homme de Dieu ne va pas dans la présence de Dieu pour lui seul, mais il y va pour lui-même et pour les autres.

Un enfant de Dieu ne marche pas, ne vit pas avec Dieu pour lui seul, mais il le fait pour lui et pour les autres.

Ta relation avec Dieu doit être plus solide que celle de David avec Jonathan.

Ton alliance avec le Seigneur Jésus-Christ doit être plus puissante que l'alliance des humains.

Comprenez-vous que vous devez servir l'Eternel d'un coeur pur, plein d'amour pour lui et ayant une parfaite alliance avec lui pour garantir votre avenir et celui de votre famille ?

Toute personne aimant Dieu et aimant son prochain, doit servir l'Eternel pour elle-même et pour son peuple ( comme Jonathan et David, grâce à leur alliance).

David, fils d'Isaï, et Jonathan, fils de Saül, servant l'Eternel, pensèrent aux autres, c'est-à-dire à leurs familles, dans leur alliance conclue et renouvelée plus tard. Et toi? Penses-tu à ta famille lorsque tu poses des actes ?

Ta façon de servir l'Eternel fait-elle du bien aux autres ?

Esther et Mardochée, ont aussi servi l'Eternel en pensant à leur peuple. Ils n'ont jamais oublié ce dernier quand ils furent élevés par l'Eternel.

Penses-tu à ta famille femme ?

Penses-tu à ta famille homme ?

Penses-tu à tes enfants homme ?

Et toi, femme, penses-tu à ton foyer ?

Pensez toujours à travailler pour vous et pour votre peuple, comme Esther et Mardochée(Esther 7 et 8 ).

Pensez toujours à préserver l'avenir de votre famille, par l'entremise de vos conventions, comme David et Jonathan.

L'alliance est une affaire des hommes et femmes fidèles, éloignés de la déloyauté. l'Eternel garde toujours unis, rassemblés, tous ses fidèles qui ont avec lui une alliance. C'est pourquoi il est écrit : " Rassemblez-moi mes fidèles qui ont fait alliance avec moi par le sacrifice "(Psaume 50.5).

Chrétien, as-tu une alliance avec l'Eternel ton créateur ?

Chrétienne, as-tu une alliance avec l'Eternel ton créateur ?

Soldat, as-tu une alliance avec l'Eternel ton créateur ?

Général, as-tu une alliance avec l'Eternel ton créateur ?

Ne brisez pas votre alliance avec l'Eternel, ne soyez pas déloyaux, mais restez fidèles à l'Eternel votre créateur, marchant et vivant dans la loyauté, en sa glorieuse présence.

Votre alliance avec l'Eternel porte les germes de la délivrance des vôtres, par la puissance Souveraine de Jésus-Christ de Nazareth, car il est écrit dans le Livre des livres : " Et pour toi, à cause de ton alliance scellée par le sang, je retirerai tes captifs de la fosse où il n'y a pas d'eau " ( Zacharie 9.11).

En lisant le prophète Zacharie, il est clair que l'Eternel délivre et délivrera toujours les captifs de votre famille, de votre ville, de votre village, de votre nation, de la fosse sans eau où l'ennemi les aurait jetés par méchanceté.

PRIONS POUR LA DÉLIVRANCE DES CAPTIFS :

- Dieu des délivrances, Seigneur du Ciel et de la terre, souviens-toi de ton alliance avec Abraham, et délivre-moi de toutes chaînes de méchanceté démoniaque, au nom Puissant de Jésus-Christ.
- Eternel des armées célestes, Dieu Puissant et Redoutable, réduis à néant tous nos oppresseurs et ceux des nôtres, au nom Puissant de Jésus-Christ.
- Roi des vainqueurs, retire moi de la fosse sans eau , par ta puissance, et à cause de l'alliance d'Abraham avec toi, au nom Puissant de Jésus-Christ.
- Eternel Dieu d'alliance, Père des vainqueurs en Christ, retire de la fosse sans eau, tous les captifs de ma famille, au nom Puissant de Jésus-Christ.
- Majesté suprême, ordonne ma délivrance et celle des miens, par la puissance du Saint-Esprit, à cause du Sang de la nouvelle alliance qui me connecte éternellement à toi, au nom Puissant de Jésus-Christ de Nazareth.
- Seigneur des esprits, Tout-Puissant Guérier de tous les siècles, délivre les captifs de ma nation, de la fosse sans eau, au nom Puissant de Jésus-Christ.
- Seigneur des Généraux, Dieu des armées célestes, délivre ma famille et moi , du puits des malheurs et de la sécheresse, par la puissance Souveraine de la nouvelle alliance, au nom Puissant de Jésus-Christ.

- Esprit de l'Eternel des armées, met en déroute tous les esprits méchants qui m'ont précipité dans la sécheresse au nom Puissant de Jésus-Christ.
- Roi des soldats vainqueurs, que ta main puissante pèse sur tous les oppresseurs de mon village au nom de Jésus-Christ.
- Ô Dieu ! Lève-toi, et que nos ennemis se dispersent pour toujours, au nom de Jésus-Christ.
- Eternel ma Bannière, je t'élève au-dessus de mes oppresseurs, et je les déclare vaincus maintenant et à jamais, au nom de Jésus-Christ.
- Toute fosse de sécheresse qui m'emprisonne encore, lâche prise sur moi et sur ma famille au nom Puissant de Jésus-Christ.
- Père, souviens-toi de mon alliance avec toi, et délivre ma famille et toute ma nation des forces du puits de l'abîme au nom Puissant de Jésus-Christ de Nazareth.
- Mon Dieu et mon Roi, Restaure ton alliance avec moi et mon peuple, au nom de Jésus-Christ.
- À cause de mon alliance avec toi, Seigneur Dieu Tout-Puissant, délivre les miens de la souffrance, de la sorcellerie, et des prisons de méchanceté au nom Puissant de Jésus-Christ.
- Père, à cause de l'alliance de David et Jonathan, tu délivras de la misère de lodebar, mephiboschet ; délivre-moi de la misère de lodebar, à cause de l'alliance d'Abraham, au nom de Jésus-Christ.
- Dieu des armées célestes, par ton alliance avec moi, retire mes avoirs de la fosse sans eau au nom de Jésus-Christ.
- Saint-Esprit, Suprême Guérier de tous les siècles, à cause de mon alliance avec toi, à cause de la nouvelle alliance, délivre tous les membres de ma famille que les ténèbres maintiennent encore captifs des prisons sataniques, au nom Puissant de Jésus-Christ. Amen !Amen. Amen.

Chapitre 3 :

# LES LABOUREURS ONT LABOURÉ MON DOS

(Psaume 129.1 - 8)

Depuis sa jeunesse, Israël, peuple de l'Eternel des armées, comme un véritable général de Jésus-Christ, a été opprimé, mais jamais vaincu. Des laboureurs ont travaillé son dos, y traçant des sillons notoires, par méchanceté, car il est écrit dans le Saint Livre : "... Des laboureurs ont labouré mon Dos, ils y ont tracé de longs sillons… " ( Psaume 29.1-8 ).

Qui a labouré ton dos? Quelq'un aurait-il touché à ton dos homme frère?

Ton dos a-t-il été labouré femme sœur ?

Es-tu conscient que ton dos a été labouré ? Réalises-tu que ton dos est labouré à longueur de journée ?

Que signifie labourer votre dos ?

- C'est marteler votre Dos comme on peut labourer les côtes des coups de pieds ;
- C'est y tracer des sillons, ou tout simplement le sillonner ;
- C'est marquer votre dos de raies profondes, comme les rides labourent un visage humain ou animal.
- C'est Bouleverser , défoncer votre dos.
- C'est ouvrir et retourner avec la bêche, la houe , la pioche, l'araire, la charrue, votre dos, comme on laboure une terre.

Lisons ce texte : " Des laboureurs ont labouré mon Dos, ils y ont tracé de longs sillons. l'Eternel est juste : Il a coupé les cordes des méchants.

Qu'ils soient confondus et qu'ils reculent, tous ceux qui haïssent Sion ! Qu'ils soient comme l'herbe des toits, qui sèche avant qu'on l'arrache " ( Psaume 129.3-6) !

La méchanceté excite plusieurs à labourer votre dos, à le marteler, à y tracer des sillons maléfiques pour vous nuire, pour vous détruire, pour vous assujettir, pour vous dompter, pour vous humilier comme ils veulent, pour vous infliger des atroces douleurs dont l'origine serait infernale. Mais, l'Eternel est le Dieu de justice, qui brise les cordes de ces méchants sur votre dos, pour les confondre, et les faire reculer honteusement, par sa puissance Souveraine.

Ô homme ! Aimes-tu l'Eternel ? C'est lui qui te défend et te sauve des travaux des laboureurs diaboliques.

Ô femme ! Aimes-tu l'Eternel ? C'est lui qui met en déroute tous les fleuves ennemis qui viennent contre toi, tel qu'il est écrit : " On craindra le nom de l'Eternel depuis l'occident, Et sa gloire depuis le soleil levant ; Quand l'ennemi viendra comme un fleuve, l'Esprit de l'Eternel le mettra en fuite "( Ésaïe 59.19 ).

Toi qui es victime des laboureurs diaboliques, sache qu'il ya un Secret de victoire qui te permette sans doute de riposter contre les laboureurs diaboliques, de les repousser, et de les mettre en déroute. Ce secret, c'est une arme divine et redoutable de tous les temps, divinement utilisée pour repousser vos ennemis et les mettre hors d'état de nuire. Il s'agit ici de l'Esprit de l'Eternel des armées, notre Paraclet, notre défenseur, l'invincible guerrier qui nous octroie toujours la victoire et la suprématie sur tous nos ennemis tant visibles qu'invisibles, de près ou de loin.

Tu as besoin du Saint-Esprit avec toi, sur toi, et en toi, pour qu'il te protège jour et nuit des laboureurs diaboliques qui aiment à marquer ton dos des raies, comme les rides labourent un visage.

**Elie Shaddaï**

PRIONS CONTRE LES LABOUREURS DIABOLIQUES :

- Saint-Esprit, défenseur de ma destinée, remplis moi de ta présence au nom Puissant de Jésus-Christ de Nazareth !
- Esprit de l'Eternel des armées, arme moi de ta puissance Souveraine pour la victoire dans tous mes Combats, au nom Puissant de Jésus-Christ !
- Je prends toutes les armes offensives et défensives du Dieu des armées célestes, et je frappe par correction tout laboureur acharné contre mon dos au nom de Jésus-Christ.
- Tout laboureur diabolique en mission contre moi, prend feu aujourd'hui et maintenant, au nom Puissant de Jésus-Christ.
- Je détruis sur mon visage, les raies profondes des laboureurs diaboliques au nom Puissant de Jésus-Christ.
- Je démantèle tout Gang des laboureurs diaboliques oeuvrant contre moi au nom de Jésus-Christ.
- Tout mal mystique et démoniaque sur mon dos, soit éradiqué par la puissance du Saint-Esprit au nom de Jésus-Christ.
- Seigneur des armées célestes, relâche sept Tonnerres contre les laboureurs diaboliques qui ont labouré mon Dos , au nom de Jésus-Christ.
- Tous sillons maléfiques tracés sur mon dos, soient effacés par le sang de l'Agneau, au nom de Jésus-Christ.
- Tout laboureur qui martelait mon dos, prend feu maintenant au nom de Jésus-Christ.
- Tous laboureurs diaboliques bouleversant, défonçant mon dos , soient en feu dès maintenant au nom de Jésus-Christ de Nazareth.

- Eternel des armées, Dieu de justice, détruis l'œuvre des laboureurs diaboliques sur mon dos au nom de Jésus-Christ.
- Père éternel, efface l'empreinte des laboureurs diaboliques sur mon visage et sur mon dos, au nom Puissant de Jésus-Christ.
- Maître de l'univers, défends ma cause contre les laboureurs, ennemis de ma destinée, au nom Puissant de Jésus-Christ.
- J'extermine l'armée des laboureurs diaboliques œuvrant contre ma vie, contre ma famille, contre mon foyer, contre ma carrière professionnelle, contre mon village, contre ma nation, au nom Puissant de Jésus-Christ.
- Esprit de l'Eternel des armées, défendeur invincible de mon âme, disperse toute confrérie des laboureurs travaillant contre moi, au nom Puissant de Jésus-Christ de Nazareth.
- Esprit de gloire , détruis et enlève les traces d'humiliation que nos ennemis ont mises sur nous au nom de Jésus-Christ.
- Esprit de résurrection, ressuscite la gloire de l'Eternel qui a quitté ma vie , ma famille, mon ministère, ma destinée, au nom Puissant et souverain de Jésus-Christ.
- Toute figure d'opprobre imprimée sur mon dos soit effacée par la main puissante de l'Eternel des armées, au nom Puissant de Jésus-Christ de Nazareth.
- Tous laboureurs qui ensemencent mon dos par des malédictions, soient réprimés et incendiés au nom Puissant de Jésus-Christ.
- Toute semence des laboureurs diaboliques jetée dans mon dos prend feu au nom Puissant de Jésus-Christ.
- Tout sérigraphe démoniaque imprimant le déshonneur sur moi , prend feu au nom Puissant de Jésus-Christ.
- Je détruis et calcine le travail des laboureurs diaboliques sur ma vie, au nom Puissant de Jésus-Christ.

- Eternel Dieu d'alliance et des armées, laboure ceux qui me labourent, détruis ceux qui me détruisent, combats ceux qui me combattent, humilie ceux qui m'humilient, confonds ceux qui me confondent par leur méchanceté, et détruis leur base logistique au nom Puissant de Jésus-Christ de Nazareth.
- Tout esprit ayant ouvert mon dos, soit violemment foudroyé et déchiré , au nom puissantissime de Jésus-Christ.
- Tout laboureur cherchant à ouvrir mon dos, soit violemment agressé au nom de Jésus-Christ.
- Tout laboureur qui a osé ouvrir et retourner mon dos, soit violemment frappé par correction, au nom Puissant et souverain de Jésus-Christ de Nazareth.
- Cieux, déchirez les laboureurs diaboliques acharnés contre ma famille au nom de Jésus-Christ.
- Terre, réduit à l'impuissance les laboureurs diaboliques obstinés à tourner et retourner ma vie, au nom Puissant de Jésus-Christ.
- Toute houe, utilisée dans la sorcellerie pour labourer ma vie, prend feu et soit détruite à jamais, au nom de Jésus-Christ.
- Toute machette et toute pioche sataniques avec lesquelles un laboureur diabolique a labouré mon Dos, prennent feu et soient fracassées, au nom de Jésus-Christ.
- Toute bêche, utilisée dans la sorcellerie, pour labourer ma vie et celle de ma famille, soit complètement détruite et brûlée, au nom Puissant de Jésus-Christ.
- Toute charrue utilisée dans les ténèbres pour labourer mon destin, prend feu et soit totalement calcinée au nom puissantissime de Jésus-Christ.
- Tout instrument diaboliquement utilisé contre moi et ma famille, prend feu et soit détruit, au nom Puissant de Jésus-Christ.

- Que l'Eternel te réprime, satan, toi qui osais labourer mon dos, ma famille, mes entreprises, mon ministère, mon foyer, au nom de Jésus-Christ.
- Que l'Eternel te réprime, satan ! Que l'Eternel des armées te réprime, toi et tes éléments, au nom de Jésus-Christ. AMEN.

Chapitre 4 :

# VOUS ÊTES TOUS MILITAIRES

( Job 7.1 )

Qu'est-ce qu'un Militaire ? Le destin du genre humain est-il un destin militaire ? Que nous renseignent les saintes écritures à ce sujet ?

Par définition tirée du dictionnaire Larousse, le militaire est un soldat. C'est une personne qui fait partie des forces armées. C'est une personne caractérisée par la rigueur et la discipline de l'armée. C'est une personne qui combat pour la défense de quelqu'un ou de quelque chose. C'est toute personne appartenant à la profession militaire, particulièrement dans l'armée de terre. C'est un homme équipé et instruit par l'État pour la défense du Pays.

Suis-je alors un militaire ? Oui , je le suis.

Es-tu militaire ? Certainement tu l'es aussi ; Car il est écrit dans les Saintes écritures : " Le sort de l'homme sur la terre est celui d'un Soldat, et ses jours sont ceux d'un mercenaire "( Job 7.1).

Es-tu un être humain,sache que tu as un destin militaire.

Es-tu du genre humain, reconnais selon la parole de Dieu, que ton sort sur la terre est celui d'un Soldat, autrement dit, d'un militaire.

1. Comme un soldat, lève-toi et combats pour ta nation :

- Béni soit l'Eternel des armées célestes, le Dieu Redoutable, l'indomptable de Jacob, qui assure ma victoire par le Saint-Esprit, au nom Puissant de Jésus-Christ !
- Comme un Soldat de Jésus-Christ, je me lève dans le combat aujourd'hui pour défendre ma nation, au nom de Jésus-Christ.
- Comme un soldat triomphant, je frappe l'ennemi de ma nation en ce moment, par la puissance du Saint-Esprit, au nom de Jésus-Christ.
- Comme un soldat de Jésus-Christ, je sécurise les frontières de ma nation, et repousse au loin tout ennemi de ce pays, au nom de Jésus-Christ.
- Comme un soldat Républicain, je tire sur tous les mercenaires relâchés contre mon pays au nom Puissant de Jésus-Christ.
- Comme un soldat de Jésus-Christ, je me tiens à la brèche maintenant, et j'implore la grâce de Dieu sur ma nation, afin de détourner d'elle la colère de l'Eternel, au nom de Jésus-Christ.
- Toute bête fauve déchaînée contre mon pays, soit stoppée et déchirée par l'épée du Saint-Esprit, au nom de Jésus-Christ.
- Je couvre toute la population de ma nation dans le sang précieux de Jésus-Christ.
- Tout accident programmé contre les hommes et femmes de mon pays sur chaque route nationale, soit annulé par la main de l'Eternel au nom de Jésus-Christ.
- Toute mort programmée contre les nouveaux nés de mon pays dans les hôpitaux et dans les familles, soit annulée aujourd'hui et maintenant, au nom de Jésus-Christ.

- Je lève ma main contre l'armée étrangère qui attaque mon pays, et je la réduis à l'impuissance maintenant et à jamais, au nom de Jésus-Christ.
- Toute contrefaçon envoyée contre mon pays pour détruire la population, soit stoppée, mise à nue, et détruite par la puissance du Saint-Esprit au nom de Jésus-Christ.
- Toute conflit satanique déclenché dans ma nation pour décimer la population, soit stoppé sans délai au nom de Jésus-Christ.
- Que l'Eternel te réprime, satan, toi qui combats ma nation, toi l'ennemi de la terre de mes ancêtres, au nom Puissant de Jésus-Christ.
- Par l'épée de l'Esprit, je frappe et éventre tout adversaire de mon pays, qui Combat la prospérité et l'émergence du peuple au nom de Jésus-Christ.
- Toute secte pernicieuse entrée dans mon pays pour sa destruction, prend feu depuis sa base jusqu'au sommet, au nom puissantissime de Jésus-Christ.
- Par les armes de l'Eternel des armées, je détruis les confréries de sorcellerie qui retardent mon pays et le maintiennent dans le sous-développement, dans le tribalisme et le racisme, au nom puissantissime de Jésus-Christ de Nazareth.
- Tout seigneur maléfique régnant sur ma nation pour détourner de Dieu ses dirigeants politiques et religieux, soit frappé et éventré par la foudre violente au nom de Jésus-Christ.
- Maudite et exterminée soit la violence dans ma nation au nom de Jésus-Christ.
- Bannie soit la sorcellerie et toute forme d'occultisme dans mon pays au nom de Jésus-Christ.

- Je déclare divinement protégés , tous les soldats de l'armée nationale qui œuvre pour la sûreté nationale au nom de Jésus-Christ . Amen. Amen. Amen.

2. Soldat, lève-toi pour ta famille et Combats :

- Loué soit l'Eternel qui m'a donné un destin militaire au nom de Jésus-Christ !
- Moi, général de Dieu, je me lève pour ma famille et détruis toute arme forgée contre elle, au nom de Jésus-Christ.
- Général de Dieu, je me tiens devant l'Éternel Dieu des armées, et je frappe victorieusement tout ennemi de ma famille, au nom Puissant de Jésus-Christ.
- Comme Soldat de Jésus-Christ, j'extermine de ma famille la sorcellerie familiale qui la décimait au nom de Jésus-Christ.
- Comme Soldat et Vainqueur des puissances des ténèbres, je déstabilise l'armée satanique qui semait contre ma famille la terreur, au nom de Jésus-Christ.
- Par l'épée de l'Esprit, je divise le Camp des ennemis de ma famille, et je les mets hors d'état de nuire au nom de Jésus-Christ.
- Je sécurise les limites des terres de ma famille, au détriment de ses ennemis au nom Puissant de Jésus-Christ.
- Je sécurise les naissances dans ma famille, interdisant strictement les sacrifices humains souvent effectués par les démons en chair au nom de Jésus-Christ.
- Je détruis et révoque toute malédiction familiale et nationale qui impactait négativement ma famille au nom de Jésus-Christ.

- Je renverse tout géant satanique levé contre la maison de mon père, contre la maison de ma mère, contre mon foyer, au nom Puissant de Jésus-Christ.
- Toute pauvreté héréditaire ruinant ma famille, prend feu et lâche prise au nom de Jésus-Christ.
- Toute secte pernicieuse infiltrée dans ma famille pour réduire la puissance numérique et même économique, prend feu de la base au sommet, au nom Puissant de Jésus-Christ.
- Tout sacrifice de sorcellerie par lequel ma famille a été affaiblie, soit détruit par le sang de l'Agneau, au nom Puissant de Jésus-Christ.
- Tout sacrifice satanique offert pour déclencher l'infertilité, la stérilité, les maladies opiniâtres dans ma famille, prend feu et soit réduit à l'impuissance maintenant au nom Puissant de Jésus-Christ.
- Comme Soldat et Général de Dieu, je détruis le sacrifice de sorcellerie offert dans les ténèbres pour condamner à la pauvreté et au célibat, au chômage et à la division, ma famille au nom puissantissime de Jésus-Christ de Nazareth.
- Tout oiseau de mauvaise augure entré dans ma famille pour l'envoûter et la détruire, prend feu et brûle maintenant au nom de Jésus-Christ.
- Tout serpent maléfique envoyé contre ma famille, soit calciné par le feu du Saint-Esprit au nom de Jésus-Christ.
- Tout totem retardant et troublant, contrôlant le destin de ma famille, soit violemment détrôné et détruit à jamais, au nom de Jésus-Christ.
- Je bannie de ma famille la misère, l'occultisme, les avortements, la stérilité, l'inceste, le chômage, le célibat satanique, et la mort précoce , au nom de Jésus-Christ.

- J'ouvre les portes de bénédiction divines dans ma famille pour toutes les générations depuis la mienne au nom de Jésus-Christ.
- Comme Soldat de Jésus-Christ, je sécurise les personnes et les biens de ma famille par la puissance du Saint-Esprit, au nom Puissant de Jésus-Christ de Nazareth. Amen. Amen. Amen.

3. Vaillant Guérier, lève-toi et Combats pour ton village :

- Au nom de Jésus-Christ, je détruis toute confrérie des laboureurs sataniques de mon village, aujourd'hui et maintenant.
- Je condamne à la ruine, les sanctuaires des féticheurs de mon village et des villages voisins qui sèment la terreur contre la population au nom de Jésus-Christ.
- Toute science occulte levée ou dressée contre mon village, prend feu et soit exterminée au nom de Jésus-Christ.
- Tout ennemi du développement durable dans mon village soit foudroyé au nom Puissant de Jésus-Christ.
- Toute pratique de sorcellerie dans mon village levée contre la santé du peuple, contre la fertilité, contre les mariages, soit stoppée et détruite par la puissance du Saint-Esprit au nom de Jésus-Christ.
- Je libère des puissances des ténèbres mon village et proclame son indépendance au nom de Jésus-Christ.
- Je détruis tous les dieux de mon village dressés contre la foi en Jésus-Christ et contre l'Église de Christ au nom de Jésus-Christ.
- Toute force démoniaque à l'œuvre contre la jeunesse de mon village, prend feu et lâche prise au nom de Jésus-Christ.

- Général de Dieu, je me tiens devant l'Éternel Dieu des armées, et je frappe victorieusement et violemment tous les tueurs de destinée dans mon village au nom de Jésus-Christ.
- Je convoque la prospérité et l'émergence, et je les installe à jamais dans mon village, pour le bonheur de mon peuple, à la gloire du Père, au nom Puissant de Jésus-Christ. Amen. Amen.

Chapitre 5 :

# UN AUTRE GÉNÉRAL DE DIEU

Dans les Saintes écritures, il existe une kyrielle de généraux de Dieu dont l'histoire et l'expérience sont fort bien capables de booster la foi , le courage, l'espoir, et la détermination de tous les enfants de Dieu, autrement appelés soldats de Jésus-Christ, et de tous les lecteurs profanes. Ma plume divinement orientée, choisit de parler de **Jephté,** l'un de ces grands officiers de l'Eternel des armées .

Le Général Jephté.

( Juges 11)

Le dos ou le passé de Jephté fut couvert de rejet, de mépris, d'opprobre alimentés par la maison de son Père.

La risée des fils de son père, Jephté le Galaadite était né d'une femme prostituée qui n'était pas mère des autres fils de son Père. Il fût victime dans son passé, de la haine de ses frères qui manifestèrent hostilement contre lui un rejet notoire, lui déclarant ouvertement qu'il ne pourrait hériter de leur père quoique ce soit, parce qu'il était fils d'une autre femme, tel qu'il est écrit : " **Jephté, le Galaadite, était un Vaillant héros.** Il était fils d'une femme prostituée ; et c'est Galaad qui avait engendré Jephté. La femme de Galaad lui enfanta des fils , qui , devenu grands, chassèrent Jephté, et lui dirent : **Tu n'hériteras pas dans la maison de notre père, car tu es fils d'une autre femme**. Et Jephté s'enfuit loin de ses frères, et il habita dans le pays de tob. **Des gens de**

**rien se rassemblèrent auprès de Jephté, et ils faisaient avec lui dès excursions** " (juges 11.1-3 ).

À cause de ses origines ( c'est-à-dire, parce que Jephté avait pour mère une prostituée…), et parce qu'il ne fallait pas qu'il hérite de son Père quelque chose selon ses frères, Jephté le Galaadite fût chassé et éloigné de la maison de son père , considéré et regardé comme un Bâtard qui n'avait de place que dans la rue, loin de la maison de son Père.

Comme Jephté, es-tu victime de la haine de tes frères et sœurs ? Te sens-tu marginalisé(e) dans la maison de ton père ? As-tu été chassé(e) ou rejeté(e) des gens de ta famille ? Ne te fais pas de soucis, car il y a de l'espoir pour ton avenir.

Ayant été méprisé , calomnié , rejeté, et chassé de la maison de son père, Jephté le Galaadite était dans la rue au pays de tob. Et avec des vauriens, il faisait des excursions.

Lorsque Israël son pays fût dans les problèmes de guerre , **Jephté le rejeté et méprisé** sera fortement sollicité par les siens qui l'ont dans le passé rejeté, car les anciens de Galaad voyaient en lui **un Vaillant héros** selon la parole d'Elohîm. En effet, nous lisons:" **Jephté, le Galaadite, était un Vaillant héros…** Et Jephté s'enfuit loin de ses frères…Quelque temps après, les fils d'Ammon firent la guerre à Israël. Et comme les fils d'Ammon faisaient la guerre à Israël, **les anciens de Galaad allèrent Chercher Jephté au pays de tob.** Ils dirent à Jephté : **Viens, tu seras notre Chef, et nous combattrons les fils d'Ammon.** Jephté répondit aux anciens de Galaad : **N'avez-vous pas eu de la haine pour moi , et ne m'avez-vous pas chassé de la maison de mon père ? Pourquoi venez-vous à moi maintenant que vous êtes dans la détresse ?** Les anciens de Galaad dirent à Jephté : **Nous revenons à toi maintenant, afin que tu marches avec nous, que tu combattes les**

**fils d'Ammon, et que tu sois notre Chef, celui de tous les habitants de Galaad..."**(juges 11.1-40).

Si le dos du Général Jephté fût chargé et rassasié d'opprobre, du rejet des galaadites, il serait judicieux de remarquer que :

- **la haine du genre humain ne peut rien contre le destin.**
- Les Galaadites qui ont autrefois rejeté Jephté , sont les mêmes qui l'ont sollicité comme chef à leur tête.
- **Ceux qui méprisaient et rejetaient Jephté changèrent d'avis et commencèrent à l'honorer .**
- Le passé d'un Général de Dieu peut parfois être pathétique, mais son présent et son futur glorieux.
- **Un jour, toi qui as été rejeté(e) , tu deviendras chef de ceux qui t'ont rejeté(e), tel que ce fut le cas pour Jephté.**
- La méchanceté domestique est très impuissante face au destin.
- **l'Eternel tourna en ridicule la sorcellerie familiale acharnée contre le destin de Jephté le Galaadite.**

L'Eternel restaura l'image de Jephté le Galaadite en le faisant passer du rejet à la chefferie .

Toi qui es méprisé(e), et rejeté (e) comme Jephté le Galaadite, sache que l'Eternel qui est Maître de ton destin peut changer ta situation en manifestant sa grâce et sa gloire dans ta vie.

Pour te restaurer et te positionner à un haut rang combattu par ceux qui te haïssent, l'Eternel peut infliger une détresse à ceux qui te haïssent, pour les contraindre à revenir se Jeter à tes pieds en te suppliant d'être leur Maître, leur chef.

Prions Ensemble :

- Béni sois-tu Elohîm, Dieu de ma destinée, au nom de Jésus-Christ.
- Père, tu connais les ennemis de mon destin ; expose-les et humilie-les au nom de Jésus-Christ.
- Je Confesse que mon destin ne sera jamais éteint au nom de Jésus-Christ.
- Toute situation difficile qui m'a plongé (e) dans la rue , dans la honte , soit totalement et divinement réglée au nom Puissant de Jésus-Christ.
- Je décrète et Confesse que ceux qui m'ont méprisé(e) vont m'honorer au nom de Jésus-Christ.
- Je décrète et Confesse, que L'esprit des Galaadites n'a point d'emprise sur ma vie au nom de Jésus-Christ.
- Toute fondation de prostitution sur laquelle se tiennent mes ennemis pour me faire du mal, soit violemment foudroyée et ébranlée aujourd'hui et maintenant, au nom Puissant de Jésus-Christ de Nazareth.
- Que l'Eternel réprime tous les actes de sorcellerie familiale diligentés contre ma destinée au nom Puissant de Jésus-Christ.
- Comme Jephté le Galaadite, je suis le général de Dieu ; je refuse et rejette la place de la rue, et je récupère mon rang de chef au-dessus de mes oppresseurs au nom de Jésus-Christ.
- Je renonce à la rue et prends possession de ma place de chef , de commandant, d'officier supérieur dans l'armée de l'Eternel au nom de Jésus-Christ.
- Père Saint, comme au temps de Jephté, déclenche un problème sérieux contre ceux qui m'ont rejeté(e) méchamment, et ordonne

à tous de me chercher pour la solution à leur problème au nom Puissant de Jésus-Christ.

- Comme Jephté le Galaadite, je suis un Vaillant héros qui sort en vainqueur pour vaincre tout ennemi sur mon chemin au nom de Jésus-Christ.
- Je me tiens à la tête de l'armée de mon peuple aujourd'hui, et je Combats victorieusement tous ses ennemis au nom Puissant de Jésus-Christ.
- Je réduis à néant tout Ammon ennemi de ma destinée au nom Puissant de Jésus-Christ.
- Je déstabilise l'armée de mes ennemis aujourd'hui et maintenant au nom de Jésus-Christ.
- Tout esprit de la rue dans ma vie, soit localisé et délogé par le feu au nom de Jésus-Christ.
- La vie de ma mère n'impactera point négativement la mienne au nom de Jésus-Christ.
- La vie de mon père n'influencera point la mienne au nom de Jésus-Christ.
- La vie de mes parents n'impactera point négativement ma destinée au nom de Jésus-Christ.
- Je frappe et détruis toute bande des puissances maléfiques levées contre ma nation et moi, au nom de Jésus-Christ.
- Je sors comme Jephté et je libère ma famille des Puissances des ténèbres au nom de Jésus-Christ.
- Je suis et serai toujours utile à ceux qui m'ont rejeté (e) au nom de Jésus-Christ.
- Que l'Eternel détruise l'orgueil des méchants qui m'ont attaqué au nom de Jésus-Christ.
- Que l'onction de Jephté coule abondamment sur ma vie maintenant et à jamais au nom de Jésus-Christ.

- Que la victoire de Jephté sur ses ennemis me soit donnée aujourd'hui sur tous mes ennemis au nom de Jésus-Christ.
- Éternel Dieu des armées, revêts-moi du manteau Spirituel de Jephté au nom Puissant de Jésus-Christ.
- Père Saint , Dieu d'Israël, que la victoire obtenue pour Israël par Jephté soit la même aujourd'hui pour mon peuple, pour ma famille, pour mon ministère, pour ma vie spirituelle, pour ma nation, au nom de Jésus-Christ.
- Je décrète et Confesse que l'Esprit d'Elohîm qui reposait sur Jephté le Galaadite est sur moi dès maintenant et pour toujours, au nom Puissant et souverain de Jésus-Christ.
- Je détruis toute confrérie d'Ammonites liguée contre mon peuple et moi, au nom Puissantissime de Jésus-Christ.
- Toute arme forgée contre mon peuple par les Ammonites, soit réduite à l'impuissance maintenant et à jamais au nom de Jésus-Christ.
- Seigneur des armées célestes, restaure-moi dans ta maison et dans ma famille au nom de Jésus-Christ.
- Toutes puissances sataniques relâchées contre mon ministère par les Ammonites, soient stoppées et détruites par le feu du Saint-Esprit au nom Puissant de Jésus-Christ.
- Je détruis toute stratégie de guerre utilisée par les s Ammonites contre ma famille et moi, au nom Puissant de Jésus-Christ.
- Tout vent de guerre venant des Ammonites contre la maison de mon père soit dévié aujourd'hui et maintenant au nom Puissant de Jésus-Christ.
- Tout vent de guerre venu des Ammonites contre la maison de ma mère, soit stoppé et dévié aujourd'hui et maintenant au nom de Jésus-Christ.

- Père relâche une détresse profonde dans le camp de mes ennemis au nom Puissant et souverain de Jésus-Christ.
- Dieu de Puissance, délivre-moi de la rue , de la pauvreté, et couvre-moi de gloire, de victoire et de richesses, au nom de Jésus-Christ.
- Que tous les dieux des Ammonites qui combattent contre mon peuple et moi prennent feu et soient calcinés au nom de Jésus-Christ de Nazareth.
- Je suis vainqueur de mes oppresseurs au nom de Jésus. Amen.

Chapitre 6 :

# N'ATTAQUE PAS LE GÉNÉRAL

( Juges 14.1-9 )

Sous le soleil, nombre de gens sont victimes des attaques , tant Spirituelles que physiques durant leur pèlerinage sur la terre de nos ancêtres. De ce nombre sont aussi des soldats de l'Eternel des armées qui savent souvent si bien contrattaquer , frappant leurs ennemis par correction, au nom de Jésus-Christ qui est une tour forte pour le juste, ou par la puissance de son Esprit, l'Esprit de l'Eternel. C'est le cas de l'homme de Dieu **Samson, un Puissant général de Dieu** qui a merveilleusement marqué, impacté plusieurs générations, notamment la génération contemporaine.

Né d'une femme qui était stérile et qui a vaincu sa stérilité par la surnaturelle Visitation divine , **Samson** jouissait de la bénédiction divine, et était extraordinairement expérimenté dans la mouvance du Saint-Esprit, l'Esprit d'Elohîm qui commença à l'agiter à Machané-Dan, entre Tsorea et Eschthaol, tel qu'il est écrit : " **La femme enfanta un fils, et lui donna le nom de Samson. L'enfant grandit, et l'Eternel le bénit. Et l'Esprit de l'Eternel commença à l'agiter à Machané-Dan, entre Tsorea et Eschthaol** "( Juges 13.24-25 ).

Divinement suscité à l'époque où L'Eternel avait déjà livré Israël son peuple entre les mains des Philistins pendant 40 ans parce qu'Israël son peuple fit ce qui déplût à l'Eternel, **Samson, le Général du Dieu d'Israël,** après sa première expérience surnaturelle dans la mouvance du Saint-Esprit, vit une femme philistine et conçut un projet de l'épouser. Ayant parlé de son projet de mariage à ses parents qui contestèrent mais pas à toujours car cela venait de Dieu, le Général Samson descendit avec son père et sa mère à Thimna pour réaliser son projet d'épouser la philistine qu'il aimait et qu'il désirait avoir pour épouse. Seulement, au cours de leur voyage, Samson, le Général du Dieu d'Israël, fût attaqué par un jeune lion rugissant, qui certainement avait pour objectif, mettre fin aux jours de Samson, stopper le projet de Samson, annuler définitivement le projet de Samson, tuer la vision de Samson, effacer de la surface de la terre le Général Samson qui pouvait renverser la situation dans laquelle Israël était face aux Philistins.

**On n'attaque pas impunément un Général de Dieu**... Ce lion savait-il cela ? On dirait pas vraiment ! Le jeune lion rugissant n'avait pas mesuré l'ampleur des dégâts que causerait la contre-attaque du Général de Dieu qu'il s'est orgueilleusement permis d'attaquer comme un homme trivial.

Si tu attaques le général de Dieu, tu comprendras mieux ce que signifie : " **Eternel ! Défends-moi contre mes adversaires, attaque ceux qui m'attaquent..."**(Psaume 35.1). Car l'Eternel des armées, le Dieu du Général te touchera lui-même par correction, pour venger son général. Et pour ce faire, il peut choisir d'utiliser les mains de son général pour régler ton compte et te mettre à ta place, juste parce-que tu as attaqué son général.

La Bible déclare : " ...Samson descendit avec son père et sa mère à Thimna. Lorsqu'ils arrivèrent aux vignes de Thimna, **voici, un jeune lion rugissant vint à sa rencontre. l'Esprit de l'Eternel saisit Samson; et, sans avoir rien à la main, Samson déchira le lion comme on déchire un chevreau.** Il ne dit point à son Père et à sa mère ce qu'il avait fait. Il descendit et parla à la femme, et elle lui plut..."( Juges 14.1-9 ). Une lecture attentive de cette portion d'écriture sainte susmentionnée montre à suffisance que celui qui attaque le général de Dieu comme le lion rugissant attaqua le Général Samson, se fera déchirer par le général de Dieu, par intervention divine, car l'Esprit d'Elohîm saisira puissamment son Général comme il saisît Samson, et sans rien à la main, mais par l'Esprit d'Elohîm en lui, le Général de Dieu comme Samson le déchirera comme on déchire un chevreau.

**N'attaque pas le Général,** même si tu le vois les mains vides. l'Esprit de l'Eternel Dieu du Général que tu attaques dressera victorieusement contre toi, les mains ointes du général, et ta condition sera lamentable.

**Si tu attaques le général de Dieu,** l'Esprit de son Dieu viendra en renfort, et tu sera déchiré par sa puissance Souveraine comme le lion qui rugissait contre Samson fut déchiré aux vignes de Thimna.

Lorsque le lion rugissant attaqua Samson, l'Esprit d'Elohîm acheta ce Combat qui opposait le lion à Samson, et en utilisant les mains de Samson, il remit à sa place l'attaquant maléfique, en le déchirant, en le mettant à mort. C'est un puissant message que l'Eternel des armées adresse à tous ceux qui attaquent ou pensent attaquer ses généraux :

- **La place des attaquants maléfiques, c'est au cimetière.**
- **La fin de ceux qui attaquent les enfants de Dieu, c'est la mort.**
- **La fin de ceux qui s'opposent aux projets des généraux de Dieu, c'est au cimetière.**
- **Le sort de ceux qui rugissent contre les généraux de Dieu, c'est la tombe.**
- **Celui qui s'attaque au général de Dieu s'attaque à l'Eternel des armées.**
- **Celui qui ouvre sa bouche pour rugir contre un enfant de Dieu, contre un général de Dieu, rugit impuissamment contre l'Eternel des armées.**

- **Le général de Dieu marche les mains vides c'est-à-dire sans s'encombrer des armes humaines et physiques, alors qu'il a l'Esprit d'Elohîm qui est plus puissant que toutes les armes les plus sophistiquées des plus expérimentées armées du monde.**

L'expérience du général Samson doit richement vous enseigner, car ce qui s'est passé avec Samson peut se passer avec vous un jour. Ce qui est arrivé à Samson sur le chemin de la réalisation de son projet de mariage peut aussi vous arriver un jour. Et certainement, cela est déjà arrivé à plusieurs dans le monde, mais tous n'ont pas expérimenté la victoire comme Samson sur ce qui faisait obstacle sur leur chemin.

Pourquoi tout le monde n'expérimente-t-il pas la victoire sur l'ennemi qui s'attaque à lui comme Samson le général de Dieu l'avait si bien expérimenté ? La réponse est très claire et simple , par le Saint-Esprit. Pour expérimenter toujours la victoire sur tous vos ennemis, pour braver tout obstacle sur votre chemin, pour vaincre l'ennemi de votre rêve, pour anéantir l'ennemi qui veut tuer votre Vision et arriver au bout de votre projet, **vous devez faire une rencontre surnaturelle avec Dieu ( la rencontre entre votre esprit et l'Esprit d'Elohîm le Dieu d'Israël).** Cette rencontre surnaturelle, le général Samson l'avait faite sur le chemin de son Combat contre le jeune lion rugissant, aux vignes de Thimna. Ce grand Officier du Camp de Jésus-Christ fit sur le chemin de Thimna deux rencontres, notamment :

- **La rencontre avec le lion rugissant ;**
- **La rencontre avec l'Esprit de l'Eternel qui descendit sur lui**( Samson avait déjà rencontré pour sa première fois l'Esprit d'Elohîm avant de se mettre en chemin pour Thimna avec ses parents selon juges 13.24-25).

De ces deux rencontres, celle que plusieurs personnes font à longueur de journée comme monnaie courante, c'est la première rencontre **(rencontre entre Samson et le lion)**. Plusieurs dans le monde rencontrent sur leur chemin, les problèmes, les obstacles, les démons, les fauves qui cherchent à les détruire et à détruire leurs projets. Ces obstacles sont souvent invincibles pour ceux qui n'ont pas fait la rencontre surnaturelle avec l'Esprit de l'Eternel Dieu Tout-puissant. Or, lorsque vous faites face à un géant déchaîné contre vous ayant fait une superbe rencontre avec l'Esprit de l'Eternel, votre victoire est divinement assurée, car ce n'est même pas vous qui combattrez, mais plutôt l'Esprit de l'Eternel en vous et par vous, sachant qu'il est écrit : " **... Quand l'ennemi viendra comme un fleuve, l'Esprit de l'Eternel le mettra en fuite** "(Ésaïe 59.19). C'est donc l'Esprit de l'Eternel qui Combat tout ennemi qui attaque un enfant de Dieu, un général de Dieu. C'est pourquoi lorsque le lion attaqua Samson sur le chemin de Thimna, l'Esprit de l'Eternel vint en Samson pour contrattaquer et défendre Samson.

Êtes-vous toujours victimes des attaques démoniaques ? Êtes-vous attaqués par les Puissances des ténèbres ? Désirez le Saint-Esprit dans votre vie, recherchez sa présence permanente en vous, développez une parfaite communion avec l'Esprit de l'Eternel, pour assurer toutes vos victoires partout où vous irez, comme Samson le Général de Dieu.

**On n'attaque pas impunément un enfant de Dieu, on ne touche jamais impunément à un Général de Dieu.**

**Prions Ensemble :**

- Seigneur Eternel des armées célestes, mon âme te loue et te célèbre, car tu es ma forteresse, ma haute retraite, au nom Puissant de Jésus-Christ.
- Dieu d'Israël, par la puissance Souveraine de ton Esprit, visite-moi aujourd'hui et maintenant, et agite mon esprit comme tu agita celui de Samson, pour le préparer aux combats , au nom Puissantissime de Jésus-Christ de Nazareth.
- Eternel mon Rocher et ma forteresse , exerce mes mains aux Combats et fais de moi un général qui sorte toujours en vainqueur pour vaincre tous ses ennemis et tous les obstacles sur son chemin au nom Puissant et souverain de Jésus-Christ.
- Père mon Elohîm, détruis en moi toute peur au nom de Jésus-Christ.
- Mon Dieu , détruis en moi toute faiblesse qui donnait avantage à mes ennemis sur moi au nom Puissant de Jésus-Christ.
- Seigneur Dieu Tout-puissant, je veux te rencontrer aujourd'hui au nom de Jésus-Christ.
- Père Saint, déchire les cieux et descends, viens à ma rencontre par ton Esprit Saint, comme tu descendis et rencontras Samson sur le chemin de Thimna, au nom de Jésus-Christ.
- Esprit Saint, descends et viens à ma rencontre, car aujourd'hui et maintenant, je viens à ta rencontre au nom de Jésus-Christ.
- Ô Dieu ! Mon âme a soif de toi, le Dieu vivant et véritable. Mon âme soupire après toi, ô Père Eternel !
- Je t'ouvre mon cœur, Seigneur du Ciel et de la terre . Viens et fais ton entrée dans ma vie, Saint-Esprit , et demeures-y, maintenant et à jamais, au nom de Jésus-Christ.

- Esprit de vérité et de Puissance, ne me laisse jamais seul(e) face au lion, face à l'ours, face aux autres fauves et à toutes sortes d'obstacles, au nom Puissant de Jésus-Christ.
- Esprit éternel et surnaturel, visite-moi comme Samson et fais-moi vivre le surnaturel au nom Puissant de Jésus-Christ.
- Esprit du Père, Maître des esprits, descends sur moi aujourd'hui et maintenant, et fais-moi manifester le surnaturel au nom Puissant de Jésus-Christ de Nazareth.
- Esprit de Dieu, Maître de l'univers, daigne marcher jour et nuit avec moi, et défends toujours ma cause face à mes ennemis tant visibles qu'invisibles, de près ou de loin , au nom Puissant de Jésus-Christ de Nazareth.
- Esprit de gloire et de Puissance, je Confesse ta présence sur moi comme sur Samson sur le chemin de Thimna, et je déchire tout lion rugissant contre moi, contre mon ministère, contre mes projets, contre mes parents, contre mes enfants, contre ma vision, contre mon foyer, au nom Puissant et souverain de Jésus-Christ de Nazareth.
- Esprit de Dieu, Seigneur des délivrances et des miracles, je te confesse Tout-puissant en moi dès maintenant au nom Puissant de Jésus-Christ de Nazareth.
- Esprit du surnaturel, par ta puissance, j'opère dans le surnaturel au nom Puissant de Jésus-Christ.
- Esprit du Dieu d'Israël, relâche ta présence sur moi et en moi, et arme puissamment et invinciblement mes mains pour tous types de Combats, pour toute guerre, pour tout affrontement Spirituel au nom Puissant de Jésus-Christ.
- l'Esprit de l'Eternel est sur moi, et je déchire toute bête féroce qui apparaît sur mon chemin au nom de Jésus-Christ.

- l'Esprit d'Elohîm est sur moi, et je déchire et défie tout ennemi, tout adversaire sur mon chemin au nom de Jésus-Christ.
- Par le feu du Saint-Esprit, je consume tout lion opposé à mon bonheur au nom de Jésus-Christ.
- Par la puissance Souveraine du Saint-Esprit, je te remets à ta place, toi lion maléfique rugissant contre moi et ma famille, au nom Puissant de Jésus-Christ.
- Quand l'ennemi viendra contre moi comme un fleuve, l'Esprit de l'Eternel le mettra en fuite , au nom de Jésus-Christ.
- Quand Satan et ses démons se lèveront contre moi, l'Esprit d'Elohîm les mettra en déroute au nom de Jésus-Christ.
- Puissances des ténèbres, vous qui m'attaquez sur le chemin de mon projet, je vous foudroie par la puissance Souveraine du Saint-Esprit au nom de Jésus-Christ.
- Tout lion contre moi soit déchiré au nom de Jésus-Christ.
- Tout serpent maléfique contre moi soit déchiré au nom de Jésus-Christ.
- Tout scorpion contre moi soit déchiré au nom de Jésus-Christ.
- Tout éléphant contre moi soit déchiré au nom de Jésus-Christ.
- Tout gorille contre moi soit déchiré au nom de Jésus-Christ.
- Tout ours contre moi soit déchiré au nom de Jésus-Christ.
- Tout totem Philistin contre moi soit stoppé et déchiré au nom de Jésus-Christ.
- Tout sorcier contre moi refusant de se repentir, soit déchiré au nom Puissant de Jésus-Christ.
- Toute sorcière contre moi refusant de se repentir, soit déchirée au nom de Jésus-Christ.
- Tout vampire sur mon chemin soit violemment déchiré au nom de Jésus-Christ.

- Tout démon contre moi soit violemment foudroyé au nom de Jésus-Christ.
- Toute confrérie des malfaiteurs refusant la repentance, soit localisée et détruite par la puissance Souveraine du Saint-Esprit au nom de Jésus-Christ.
- Esprit de Puissance et de guerre, attaque ceux qui m'attaquent, et déchire ceux qui veulent me déchirer, au nom Puissant de Jésus-Christ.
- Esprit de guerre et de victoire, combats ceux qui me font la guerre en secret au nom Puissant de Jésus-Christ.
- Esprit du Lion de la tribu de Juda, contre-attaque et détruis tout lion satanique déchaîné contre mon peuple et moi, au nom Puissant de Jésus-Christ de Nazareth.
- Tout peuple oeuvrant contre mon peuple soit localisé et châtié par l'Esprit d'Elohîm au nom Puissant de Jésus-Christ.
- Tout Philistin contre moi soit violemment frappé et déchiré par correction au nom de Jésus-Christ.
- Tout esprit Philistin levé contre moi soit frappé par la puissance du Saint-Esprit, au nom de Jésus-Christ.
- Je réduis à l'impuissance tout Philistin qui humiliait ma famille, mon peuple, mon ministère, au nom Puissant de Jésus-Christ.
- Je réduis à l'impuissance tout Philistin qui battait ma famille, mon peuple, au nom de Jésus-Christ.
- Tant que je vivrai, aucun adversaire ne tiendra contre moi, contre ma famille, au nom Puissant de Jésus-Christ.
- Esprit du triomphe, fais-moi triompher du monde et de tous mes ennemis au nom de Jésus-Christ.
- Esprit de l'Eternel des armées, descends et fais la guerre à tous les pouvoirs méchants qui m'attaquent jour et nuit, au nom Puissant de Jésus-Christ.

- Dieu des délivrances, délivre-moi de tous mes ennemis dans tous mes Combats au nom Puissant de Jésus-Christ.
- Esprit de feu et de Puissance, consume les Puissances qui voulaient me consumer au nom de Jésus-Christ.
- Saint-Esprit, incendie les esprits méchants qui voulaient incendier ma maison, mon ministère, mes entreprises, mon foyer, mon village, mon pays, mon continent, au nom Puissant et souverain de Jésus-Christ de Nazareth.
- Comme Samson, je suis vainqueur des attaques maléfiques sur mon chemin, dans ma maison, par la puissance Souveraine du Saint-Esprit au nom de Jésus-Christ.
- Comme Samson, je suis agité(e) par l'Esprit d'Elohîm pour mon bien et celui de ma nation au nom de Jésus-Christ.
- Esprit de Dieu, réveille mon esprit et arme moi du courage pour affronter victorieusement tous les obstacles, toutes les fauves sur mon chemin au nom Puissant de Jésus-Christ.
- Esprit de feu et de Puissance, fais-moi traverser les lieux dangereux tête haute par ta puissance Souveraine au nom de Jésus-Christ.
- Esprit de vérité et de Puissance, renverse tout géant qui cherche à me renverser au nom Puissant de Jésus-Christ.
- Esprit de Dieu, Maître de l'univers, fais-moi atteindre mes objectifs qui concourent au bien de mon âme, de ma famille, de ma nation, de mon ministère, selon ta volonté au nom Puissant de Jésus-Christ de Nazareth.
- Eternel des armées célestes, remplis-moi de ta présence et fais-moi réaliser mes saints projets pour ta gloire au nom Puissant de Jésus-Christ de Nazareth.
- Béni sois-tu Esprit de Dieu, au nom de Jésus-Christ. AMEN! AMEN! AMEN.

**Elie Shaddaï**

Chapitre 7 :

# LA STRATÉGIE DE MOÏSE LE GÉNÉRAL DE DIEU

( Exodes 17. 8-16 )

Homme de guerre très expérimenté et véritable stratège, l'homme de Dieu Moïse, était un puissant et redoutable Général de Dieu. Par l'extraordinaire grâce divine qu'il avait, Moïse parlait avec l'Eternel face à face, et recevait de lui toutes les instructions nécessaires sur la guerre ; c'est pourquoi à la tête du peuple d'Israël, il avait toujours la victoire sur ses ennemis, comme dans les guerres contre Pharaon et Amalek.

Dans son Pentateuque, le général Moïse donne des instructions divines sur la guerre au clergé et aux officiers de l'armée, afin qu'ils sachent bien préparer les soldats avant d'affronter leurs ennemis futurs.

1. Instruction du Clergé et des officiers :

   (Deutéronome 20)

Bien instruire son armée et bien la préparer au Combat selon les ordonnances de l'Eternel des armées pour assurer sa victoire, son triomphe, était pour le grand officier Moïse, le travail d'un généralissime stratège qui savait gagner la guerre avant la guerre, gagner le combat avant le Combat. Par l'Esprit d'Elohîm, il donne quelques importantes instructions de guerre au Clergé et aux officiers de l'armée, notamment :

- **" Lorsque tu iras à la guerre contre tes ennemis, et que tu verras des chevaux et des chars, et un peuple plus nombreux que toi, tu ne les craindras point ; car l'Eternel, ton Dieu, qui t'a fait monter du pays d'Égypte, est avec toi "** (Deutéronome 20.1).

Dans cette première instruction de guerre, il est important de retenir qu'un soldat ou une armée de Dieu ne doit jamais craindre son ennemi, même si ce dernier est un peuple plus nombreux possédant des chevaux et des chars de guerre. Le soldat ou l'armée de l'Eternel doit plutôt être fort(e) moralement, courageux (courageuse), galvanisé(e) par l'assurance de la présence de l'Eternel son Dieu qui est toujours au front avec lui(elle).

Es-tu attaqué(e) par une puissance maléfique ? Ne crains rien, car l'Eternel Dieu Tout-puissant est avec toi, aussi longtemps que tu es avec lui. l'Eternel par sa puissance t'assurera certainement la victoire sur ton ennemi, peu importe son agitation, sa puissance.

- **À l'approche du Combat, le Sacrificateur s'avancera et parlera au peuple. Il leur dira: Écoute, Israël ! Vous allez aujourd'hui livrer bataille à vos ennemis. Que votre cœur ne se trouble point ; soyez sans crainte, ne vous effrayez pas, ne vous épouvantez pas devant eux . Car l'Eternel, votre Dieu, marche avec vous, pour combattre vos ennemis, pour vous sauver "** ( Deutéronome 20.2- 4).

Dans cette deuxième instruction de guerre, nous pouvons voir de façon limpide que le sacrificateur joue aussi un grand rôle dans l'armée d'Israël. Il est divinement chargé d'exhorter et de fortifier les soldats en leur rassurant que l'Eternel marche avec eux, et qu'il leur assurera la victoire face à leurs ennemis. Le sacrificateur révèle à l'armée qu'en réalité, c'est l'Eternel son Dieu qui marche avec elle qui combattra pour elle pour assurer son Salut face à ses ennemis.

Soldat de l'époque contemporaine, crois-tu en la puissance Souveraine de l'Eternel des armées ? Reconnais-tu l'importance du rôle d'un homme de Dieu dans la victoire de l'armée ? Souviens-toi qu'il est écrit : " ... Confiez-vous en l'Eternel votre Dieu, et vous serez affermis.Confiez-vous en ses prophètes, et vous réussirez " ( 2chroniques 20.20).

- **" Les officiers parleront ensuite au peuple et diront : Qui est-ce qui a bâti une maison neuve , et ne s'y est point encore établi ? Qu'il s'en aille et retourne chez lui, de peur qu'il ne meure dans la bataille et qu'un autre ne s'y établisse.... Qui est-ce qui a fiancé une femme, et ne l'a point encore prise? Qu'il s'en aille...Les officiers continueront à parler au peuple, et diront : Qui est-ce qui a peur et manque de courage ? Qu'il s'en aille et retourne chez lui, afin que ses frères ne se découragent pas comme lui. Quand les officiers auront achevé de parler au peuple , ils placeront les chefs des troupes à la tête du peuple... "** ( Deutéronome 20.5-9 ).

Pour bien préparer les soldats ou l'armée, après le ministère du clergé, les officiers de l'armée doivent rendre le leur , pour avoir une bonne sélection, une bonne équipe de guerre composée des hommes braves, des hommes moralement forts et courageux. Les officiers doivent sortir des rangs de l'armée, tout soldat découragé de peur qu'il ne contamine aux autres son découragement. Ils doivent sortir des rangs des guerriers, tout soldat envahi par la peur, afin qu'il ne suscite ou n'inspire la même peur dans le cœur d'un autre combattant.

Après avoir effectué ce travail stratégiquement sélectif pour constituer un corps armé Puissant et courageux, les officiers de l'armée sont instruits de placer ou poster à la tête du peuple, les chefs des troupes de leur armée, pour diriger les opérations, les expéditions militaires, assurant le triomphe de leur armée sur tous leurs ennemis au nom de l'Eternel des armées, le Dieu d'Israël.

2. La stratégie de Moïse dans la guerre contre Amalek.

( Exode 17.8-16 ).

Dans l'affrontement qui opposa Israël peuple de Dieu à Amalek, l'homme de Dieu, **Moïse le Généralissime**, développa et mis sur pied une stratégie de guerre extraordinaire et très puissante. En effet, la Bible déclare : " Amalek vint combattre Israël à Rephidim. Alors Moïse dit à Josué : Choisis-nous des des hommes, sors, et combats Amalek ; demain je me tiendrai sur le sommet de la colline, la verge de Dieu dans ma main. Josué fit ce que lui avait dit Moïse, pour combattre Amalek. Et Moïse, Aaron et Hur montèrent au sommet de la colline. **Lorsque Moïse élevait sa main, Israël était le plus fort ; et lorsqu'il baissait sa main, Amalek était le plus fort.** Les mains de Moïse étant fatiguées, ils prirent une Pierre qu'ils placèrent sous lui, et il s'assit dessus. Aaron et Hur soutenaient ses mains, l'un d'un côté, l'autre de l'autre ; et ses mains restèrent fermes jusqu'au coucher du soleil. **Et Josué vainquit Amalek et son peuple, au tranchant de l'épée...**"(Exode 17.8-16).

Dans cet extrait du pentateuque de Moïse le généralissime, le Saint-Esprit enseigne plusieurs leçon de guerre tant Spirituelle que physique, à tous les combattants de l'armée de l'Eternel et aussi à l'armée de chaque nation du globe terrestre. Toutes ces leçons des vainqueurs se résument sur la stratégie des mains levées de Moïse contre son adversaire, contre l'ennemi national. Pour comprendre le mystère des mains levées de Moïse contre l'ennemi national, il faut systématiquement et parfaitement comprendre les versets 9, 11-13, 15-16 du dix-septième chapitre du livre d'exode, l'un des cinq de Moïse.

Ce n'est pas Israël qui attaqua Amalek, mais plutôt le contraire. Et lorsque le peuple de Moïse autrement appelé Israël fut attaqué, il riposta par une véritable et victorieuse contre-attaque qui remit à sa place l'attaquant maléfique et malheureux nommé Amalek.

Êtes-vous attaqués par les Puissances maléfiques ? Êtes-vous attaqués comme Israël par un peuple maléfique ? Êtes-vous attaqués par un ennemi qui veut ridiculiser votre famille, votre Nation, votre village, votre ville, votre foyer, votre entreprise, votre gouvernement ? Vous pouvez sans doute le vaincre, mais pas seulement avec vos armes physiques. Oui, vous pouvez vaincre l'ennemi national ou familial, mais pas avec les mains baissées. Vous pouvez vaincre tout ennemi levé contre vous comme Amalek, si vous combattez avec la stratégie de Moïse, la stratégie des mains levées contre l'ennemi.

Veux-tu continuer à baisser les bras sans combattre cette misère acharnée contre votre pays ? Veux-tu continuer à baisser les bras sans combattre victorieusement la sorcellerie qui ne cesse de décimer votre nation, votre famille, votre entreprise ? Veux-tu continuer à baisser les bras sans contre-attaquer pour détruire et vaincre l'amalek levé contre vous? Veux-tu continuer à baisser les bras pour laisser l'avantage à Amalek contre toi, contre ton pays, contre ton village, contre ta famille, contre ton gouvernement, contre ton foyer, contre tes entreprises ? Comme Moïse le généralissime de l'armée de l'Eternel, monte, et tiens-toi sur la montagne de Dieu, et utilise la stratégie des mains levées contre tout ennemi de ta vie, contre tout ennemi de ta famille, contre tout ennemi de ta Nation, et tu le vaincras certainement.

Vous ne pouvez pas vaincre l'ennemi national avec les mains baissées, et dans la discorde. Unissez-vous pour combattre dans un même esprit comme Moïse et Josué, sans omettre Aaron, Hur, et tous les soldats choisis par Josué le général de Dieu. Soyez stratèges comme le grand officier Moïse, qui, se rappelant de son dos de guerre , trouva mieux d'utiliser quasiment la même stratégie dans le Combat du présent. Avant la guerre contre Amalek, le dos du Général en chef Moïse, était déjà fort riche en expérience en matière de guerre, car Moïse avait déjà affronté le pharaon d'Égypte et son armée, jusqu'à la victoire triomphante. Son peuple et lui, sortirent de la servitude égyptienne, la main levée, car il est écrit : " L'Eternel endurcit le cœur de pharaon, roi d'Égypte, et le pharaon poursuivit les enfants d'Israël. **Les enfants d'Israël étaient sortis la main levée** "( Exode 14.8 ). Pendant que le peuple de Moïse mouchardait en se voyant coincé dans le désert devant le pharaon qui le poursuivait avec son armée, Moïse, homme du Vrai et Redoutable Dieu, Généralissime de l'armée d'Israël, étant toujours très sûr de l'intervention divine qui ne saurait tarder, s'adressa au peuple disant : " ... **Ne craignez rien, restez en place, et regardez la délivrance que l'Eternel va vous accorder en ce jour ; car les Egyptiens que vous voyez aujourd'hui, vous ne les verrez plus jamais. L'Eternel combattra pour vous ; et vous, gardez le silence** "(Exode 14.13-14). Ce jour-là, Moïse joua le rôle du Sacrificateur et même de l'officier en exhortant et en instruisant le peuple sorti d'Égypte comme une véritable armée du Dieu d'Israël. L'Eternel des armées, Dieu d'Israël, Dieu de Moïse, donna à Moïse la stratégie de guerre à adopter pour vaincre pharaon et l'armée égyptienne. " L'Eternel dit à Moïse : Pourquoi ces cris? Parle aux enfants d'Israël, et qu'ils marchent. **Toi, lève ta verge, étends ta main sur la mer, et fends-la ;** et les enfants d'Israël entreront au milieu de la mer à sec "( Exode 14.15-16).

La lecture attentive du texte biblique ci-haut nous fait découvrir la véritable Source de la stratégie de guerre de Moïse. Ce général en chef, toujours à l'écoute de l'Eternel des armées, reçut de lui la meilleure stratégie qui lui donna la victoire sur pharaon et aussi sur Amalek. " Moïse étendit sa main sur la mer. Et l'Eternel refoula la mer par un vent d'orient, qui souffla avec impétuosité toute la nuit ; il mit la mer à sec , et les eaux se fendirent. Les enfants d'Israël entrèrent au milieu de la mer à sec, et les eaux formaient comme une muraille à leur droite et à leur gauche. Les Egyptiens les poursuivirent ; et tous les chevaux de pharaon, ses chars et ses cavaliers, entrèrent après eux au milieu de la mer… Moïse étendit sa main sur la mer. Et vers le matin, la mer repris son impétuosité, et les Egyptiens s'enfuirent à son approche ; mais **l'Eternel précipita les Egyptiens au milieu de la mer. Les eaux revinrent, et couvrirent les chars, les cavaliers et toute l'armée de pharaon, qui étaient entrés dans la mer après les enfants d'Israël ; et il n'en échappa pas un seul…**En ce jour, l'Eternel délivra Israël de la main des Egyptiens ; et Israël vit sur le rivage de la mer les Egyptiens qui étaient morts. **Israël vit la main Puissante que l'Eternel avait dirigée contre les Egyptiens.** Et le peuple craignit l'Eternel, et il crut en l'Eternel et en Moïse, son Serviteur "( Exode 14.22-31). Ô il est doux et agréable d'obéir à la voix de l'Eternel comme Moïse ! Soyez obéissants à l'Eternel, vous ses saints, vous ses soldats, car votre victoire dépend totalement de lui et de lui seul. Restez dépendants du Dieu Vivant, toujours à l'écoute de sa voix comme Moïse, et il vous dira toujours quoi faire au bon moment, même face à vos ennemis.

De la stratégie de Moïse, toute armée ou tout soldat doit retenir quelques bonnes choses à appliquer pour assurer sa victoire :

- **Lorsque le pays d'Israël était attaqué, Moïse ne combattait pas orgueilleusement seul, mais il engageait l'Eternel son Dieu dans ses Combats contre l'ennemi national(en levant le bâton de Dieu contre l'ennemi).**

Et toi, comment te comportes-tu au moment de l'adversité ? Penses-tu à confier tes guerres à l'Eternel des armées comme le faisaient Moïse ? Crois-tu que c'est à l'Eternel de combattre pour toi contre tes ennemis ? Sache que si l'Eternel Jésus ne fait rien pour te donner la victoire, tu ne pourras absolument rien, car il déclare : " Je suis le Cep, vous êtes les Sarments. Celui qui demeure en moi et en qui je demeure porte beaucoup de fruit, **car sans moi vous ne pouvez rien faire** "( Jean 15.5 ). Eh oui! Sans Jésus l'Eternel qui sauve, tu ne peux rien faire. Tu as personnellement besoin du Souverain Seigneur Jésus-Christ, le Père Eternel, dans ta vie, dans ton armée, pour t'assurer la victoire face à tout ennemi qui t'attaque. C'est pourquoi, le Saint-Esprit à travers ce livre des généraux de Dieu, recommande à toute Nation, à tout soldat, à toute armée, à toute famille, sa présence permanente.

- **Moïse donna au général Josué la charge de choisir les soldats et de sortir avec eux, pour combattre Amalek.**

Comme Josué le général de Dieu, vous pouvez choisir les soldats qui doivent aller en guerre avec vous, vous pouvez être à la tête d'une expédition militaire, mais vous devez rester humbles , ne comptant pas seulement sur vos armes, mais comptant beaucoup plus sur l'intervention divine. Selon Exode 17.9, Moïse dit à Josué qu'il envoyait au front avec l'armée d'Israël que lui-même se tiendrait sur le sommet de la colline le lendemain, avec le bâton de Dieu à la main. Il serait donc judicieux de reconnaître et comprendre que le général Josué qui combattait Amalek avec ses troupes dans le champ de bataille, savait avec assurance que Moïse le généralissime, son Père, son leader, avait engagé l'Eternel dans leur guerre pour leur assurer la victoire. Josué allant donc combattre, comptait sur l'intervention divine, oui, sur l'intervention de l'Eternel des armées, le Dieu d'Israël, l'indomptable de Jacob.

- **Moïse le généralissime de l'armée d'Israël, serviteur loyal de l'Eternel des armées, savait que la puissance de l'armée d'Israël c'était le Dieu d'Israël lui-même ( Israël n'est rien, sans le Dieu d'Israël ).**

Israël, peuple de Dieu, comme j'aime toujours à le dire, tu n'es rien sans ton Dieu ( Israël n'est rien sans le Dieu d'Israël ).

Soldat, qui que tu sois, tu n'es rien sans l'Eternel Jésus, le Dieu d'Israël.

Armée, quels que soient tes armes et tes chars, tu n'es rien sans Dieu. Tu as besoin de la présence permanente de l'Esprit de Jésus, pour t'assurer la victoire.

- **Moïse avait compris le secret des mains levées dans les Combats. C'est pourquoi, ayant l'expérience acquise dans sa victoire face à pharaon, Moïse le Général en chef décida d'aller sur la montagne avec le bâton de Dieu qu'il leva contre Amalek, assurant la victoire de Josué et ses troupes sur Amalek.**

Sont-ce seulement les mains que Moïse levaient qui affaiblissaient Amalek face à Israël ? Loin de là ! La force d'Israël venait de celui que Moïse élevait contre Amalek. Et celui-là, c'est Jésus, l'Eternel des armées, qu'il élevait en élevant le bâton appelé bâton de Dieu.

Lorsque Moïse élevait le bâton de Dieu contre un ennemi, il élevait ainsi Jésus la bannière des nations, l'Eternel Jésus son étendard, afin que ce dernier se lève contre l'ennemi national et le remette à sa place.

Toi aussi, lorsque tu élèves tes mains pour prier contre tes ennemis, tu dois avoir la présence de Dieu en toi car la main levée de Moïse n'était pas vide.

Lorsque tu fais face à un ennemi, lève ta main vers le Ciel pour le Combat, étant conscient que cette main levée proclame et élève l'Eternel Jésus comme ton étendard, comme ta bannière, et tu verras l'Eternel combattre en ta faveur, et ton ennemi sera vaincu par l'intervention divine.

- **Lorsque Moïse levait sa main, son armée était plus puissante, mais lorsqu'il baissait sa main, Amalek était fort ( aussi longtemps que vous élevez l'Eternel Jésus comme votre étendard, vous serez toujours plus puissants que vos ennemis).**

Israël avait compris qu'il n'est rien face à son ennemi, lorsqu'il n'élève pas l'Eternel comme son étendard. C'est pourquoi, pour maintenir les mains de victoire levées et affaiblir Amalek, le souverain sacrificateur Aaron et Hur soutenaient les mains de Moïse.

Nous comprenons que le clergé et l'armée étaient unis contre l'ennemi national, tous comptant sur l'Eternel des armées, jusqu'à la victoire d'Israël.

La gloire de la victoire ne revint ni au général Josué, ni au généralissime Moïse, mais elle revint entièrement à l'Eternel Jésus, la bannière d'Israël, la bannière de Moïse. C'est pourquoi il est écrit : " L'Eternel dit à Moïse : Écris cela dans le livre, pour que le souvenir s'en conserve, et déclare à Josué que j'effacerai la mémoire d'Amalek de dessous les cieux. **Moïse bâtit un autel, et lui donna pour nom : L'Eternel ma Bannière.** Il dit : Parce que la main a été levée sur le trône de l'Eternel, il y aura guerre de l'Eternel contre Amalek, de génération en génération "( Exode 17.14-16).

**Elie Shaddaï**

Lorsque vous avez l'Eternel pour Dieu, tout ennemi qui vous attaque devient l'ennemi de l'Eternel.

Lorsque tu as l'Eternel pour Dieu, celui qui te touche court le risque d'être effacé par l'Eternel des armées, ton Dieu, ton Rédempteur.

Craignez l'Eternel, vous les armées des nations.

Craignez l'Eternel, vous les soldats.

Craignez l'Eternel, vous les communautés ecclésiales.

Craignez l'Eternel des armées, vous tous officiers, quelle que soit l'armée de la nation dans laquelle vous êtes.

Comme Moïse, le généralissime de l'armée d'Israël, craignez l'Eternel, écoutez sa voix en toute obéissance, et il combattra toujours victorieusement pour vous, pour votre famille, pour votre peuple, au nom de Jésus-Christ.

Prions Ensemble :

- Eternel Dieu d'Israël, béni soit ta puissance dans ma vie au nom de Jésus-Christ.
- Dieu des armées célestes, je t'élève au-dessus de toute adversité, au nom de Jésus-Christ.
- Dieu de Moïse, indomptable de Jacob, lève-toi contre tout Amalek ennemi de ma vie, au nom Puissant de Jésus-Christ.
- Dieu de Moïse, précipite dans la mer , tout pharaon levée contre moi , au nom de Jésus-Christ.
- Toute armée égyptienne déchaînée contre mon peuple et moi, soit précipitée dans la mer au nom de Jésus-Christ.

- Tout pharaon retenant encore mon âme, ma famille, et ma nation dans la servitude, soit violemment frappé et précipité dans la mer au nom Puissant de Jésus-Christ.
- Je lève ma main vers le trône de l'Eternel des armées, contre tout pharaon qui me poursuit, et je le réduis à l'impuissance au nom de Jésus-Christ.
- Je lève au ciel ma main, élevant l'Eternel Jésus dans mon cœur comme mon étendard, et je renverse victorieusement mes ennemis, au nom Puissant de Jésus-Christ.
- Tout Amalek levé contre moi, rencontre la main de l'Eternel des armées et fléchit genoux aujourd'hui et maintenant, au nom Puissant de Jésus-Christ de Nazareth.
- Tout vampire levé contre moi comme Amalek, soit frappé et réduit à néant au nom de Jésus-Christ.
- Je lève le bâton du Dieu d'Israël contre l'ennemi national, et je l'anéantis aujourd'hui au nom Puissant de Jésus-Christ.
- Je surmonte toute faiblesse de mes mains, et je maintiens à jamais mes mains levées contre mes ennemis jusqu'au triomphe de génération en génération, au nom de Jésus-Christ.
- Ô Éternel, Dieu d'Israël et de Moïse, révèle-toi à moi comme à Moïse, et donne-moi toujours les directives à suivre dans chaque situation de ma vie, de ma famille, de mon foyer, de mes entreprises, de ma nation , au nom Puissant de Jésus-Christ.
- Dieu de Moïse, révèle-toi à moi aujourd'hui face à l'ennemi qui me poursuit, et donne-moi sur lui la victoire au nom de Jésus-Christ.
- Dieu d'Israël, je confesse honnêtement que je ne suis rien sans toi, et je ne peux rien sans toi, au nom de Jésus-Christ.

- Viens à mon secours, Seigneur Eternel des armées, et descends Amalek levé contre ma famille, contre mon ministère, contre ma Nation, au nom de Jésus-Christ.
- Eternel mon Rocher et ma Bannière, que mes ennemis soient à jamais affaiblis , en ce moment où je t'élève au-dessus de tout, au nom de Jésus-Christ.
- Père Saint, Dieu des vainqueurs, efface le souvenir d'Amalek dans ma nation, dans mon village, dans ma famille, au nom de Jésus-Christ.
- Toute empreinte du diable sur ma vie et sur ma famille à cause de ses attaques , soit complètement et parfaitement effacée par la puissance Souveraine du sang de l'agneau, au nom Puissantissime de Jésus-Christ de Nazareth.
- Toute empreinte du diable sur mon ministère, soit effacée par le sang de Jésus Christ.
- Je me tiens comme Moïse sur la montagne de Dieu, levant le bâton de Dieu à la main, et je décrète la défaite de tous mes ennemis aujourd'hui et maintenant, au nom Puissant et souverain de Jésus-Christ de Nazareth.
- Avec le bâton de l'Eternel des armées levé dans ma main, je commande à toutes les eaux qui me barraient le chemin de reculer, de se fendre, et de me céder le passage maintenant au nom de Jésus-Christ.
- Tout ocean de problème dressé devant moi contre mon peuple et moi, prenne fuite par la puissance Souveraine du Saint-Esprit au nom de Jésus-Christ.
- Toutes guerres engagées contre moi par Amalek et par pharaon , prennent fin aujourd'hui par la puissance Souveraine du bâton de Dieu au nom de Jésus-Christ.

- Par le bâton de Dieu que je lève vers les cieux, je réduis à néant l'orgueil de tous les sorciers et de toutes les sorcières qui me font la guerre au nom de Jésus-Christ.
- Eternel des armées célestes, écris par ton doigt la défaite et la honte de tous ceux qui me combattent au nom Puissant de Jésus-Christ.
- Seigneur des armées célestes, par ta main Puissante, frappe et ferme la bouche de ceux qui me maudissent sans cesse au nom de Jésus-Christ.
- Dieu de Moïse et de Josué, assure ma victoire à jamais dans tous mes Combats au nom Puissant de Jésus-Christ.
- Toute pauvreté déchaînée contre ma vie et ma famille comme pharaon et Amalek, prend feu et soit exterminée à jamais au nom Puissant de Jésus-Christ.
- Tout ennemi générationnel comme pharaon prend feu et soit violemment châtié par la puissante main de l'Eternel des armées, au nom Puissant de Jésus-Christ de Nazareth.
- Toute armée ténébreuse levée contre mon peuple et moi, soit déchirée par la Foudre au nom Puissant de Jésus-Christ.
- Je réduis à l'impuissance l'orgueil de mes ennemis au nom de Jésus-Christ.
- Je bâtis un autel de victoire à l'Eternel mon étendard au nom de Jésus-Christ.
- Eternel, Dieu de mon Salut, tu es ma Bannière et celle des nations, dès maintenant et pour toujours au nom Puissant de Jésus-Christ. Amen. Amen. Amen.

Printed by Books on Demand GmbH, Norderstedt / Germany